邁向成熟

聖經雅各書教你活出基督生命

施達雄 著

LOGOS系列叢書出版序

　　人類自古以來，一直試著找尋出宇宙與生命的「道」。古希臘有一位哲學家名叫赫拉克利特（Heraclitus, c.535 - c.475 BCE），他提出不變、萬古長存的道（*logos*），萬事萬物都是按這*logos*生成變化，但這道總是不被人們所理解。孔子說：「朝聞道，夕死可矣！」究竟生命當中有什麼「道」，可以值得如此追尋，死而無憾？

　　聖經告訴我們：「太初有道（*logos*），道與神同在，道就是神。」（約翰福音一章1節）「道成了肉身，住在我們中間。」（約翰福音一章14節）藉著耶穌基督──上帝的獨生子──的降生，道成肉身來到我們的世界，我們有機會認識道，因為祂就是道。

　　要認識主耶穌這位又真又活的道，必須從讀聖經與禱告開始。有鑑於讀經的重要性以及閱讀門檻，主流出版社特別選輯了一些有助於讀經、認識真道的書籍，出

版成「LOGOS系列叢書」，好讓讀者藉著這些書，能夠
更深地認識上帝，活出美好的人生。是為序。

主流出版有限公司發行人

鄭超睿

作者序

　　這是筆者在景美浸信會牧會時，用幾個月的時間以雅各書為核心、在主日崇拜中所宣講的信息，經整理成冊，定名為《邁向成熟》，鼓勵信徒們把握機會、享受信仰所賜之權柄，使自己活得更積極、更充實、更快樂，更有活力。

　　這不是一本模範講章，卻是來自祈禱、默想中，肯定向信徒們宣講的信息。我珍惜上帝賜給我的珍貴話語，也珍惜每篇信息的文稿，希望藉著這本書的出版，能夠祝福更多的讀者們。

　　願感動我傳揚此一真道的聖靈，也感動每一位讀者。

施達雄（景美浸信會終生榮譽牧師）　敬識

目錄

第 **1** 章

享用「不憂不懼」
的主權

作神和主耶穌基督僕人的雅各請散住十二個支派之人的安。

我的弟兄們，你們落在百般試煉中，都要以為大喜樂；因為知道你們的信心經過試驗，就生忍耐。但忍耐也當成功，使你們成全、完備，毫無缺欠。你們中間若有缺少智慧的，應當求那厚賜與眾人、也不斥責人的神，主就必賜給他。只要憑著信心求，一點不疑惑；因為那疑惑的人，就像海中的波浪，被風吹動翻騰。這樣的人不要想從主那裡得甚麼。心懷二意的人，在他一切所行的路上都沒有定見。

卑微的弟兄升高，就該喜樂；富足的降卑，也該如此；因為他必要過去，如同草上的花一樣。太陽出來，熱風颳起，草就枯乾，花也凋謝，美容就消沒了；那富足的人，在他所行的事上也要這樣衰殘。

——雅一1-11

生氣卻不要犯罪；不可含怒到日落，也不可給魔鬼留地步。

——弗四26-27

　　精神疾病學者證實了醫學界長久以來一種已知的現象，就是憂鬱的人比較容易生病或因病死亡，原因乃是由於憂鬱會大量消減人體內之免疫系統的能力；換言之，憂鬱的病人免疫系統的能力，弱於心智健康的人。這正印證了箴言中所教導的「喜樂的心乃是良藥；憂傷的靈使骨枯乾」（箴十七22）這句話；也證實了古人的人生哲理：「笑一笑，少一少；惱一惱，老一老。」

　　然而，人要能在不能歡笑時笑一笑，在令人煩惱的處境中不煩惱，除非持有獨到的見解與豁達的智慧，否則如何能在惡劣的處境中泰然自若，仍能喜樂呢？因此聖經提醒我們：「你們中間若有缺少智慧的，應當求那厚賜與眾人、也不斥責人的神，主就必賜給他。」（雅一5）智慧乃進入喜樂之門的鑰匙，因為智慧包含判斷力、抉擇力與實踐力，人有了智慧就能分辨並且能實踐，無怪乎所羅門不求上帝給他榮華富貴，而只求智慧。我們也應該祈求上帝賞賜智慧來建立人生，使我們在風吹雨淋中不致倒塌。

　　基督徒的快樂不是建立在處境的得失上，乃是在於能有上帝的智慧而接納並征服任何環境，使自己更成

熟。換句話說，基督徒是絕不會被處境操縱情緒的人。

雅各肯定了一個真理，那就是人在經過了一切挫折與試煉之後，必能「成全、完備，毫無缺欠」，更加成熟完美。因此，他提出了幾個勝過一切試煉、艱難與挫折之處境的祕訣：（一）享受目前所擁有的；（二）將艱難視為成功的資產；（三）把握非常上訴的權利；（四）不被處境操縱情緒。

享受目前所擁有的

首先，雅各提出了第一個祕訣：「你們落在百般試煉中，都要以為大喜樂。」（雅一2）「以為大喜樂」，是指人以喜樂的心去面對一切處境，是積極地面對而不是消極地哭泣。一個有智慧的人，懂得享受目前所擁有的並努力發展之，所以能快樂。人之所以憂鬱，是因為總是想自己所沒有的、所失去的，而不去想已經擁有的一切。喜樂的祕訣，乃在於有積極樂觀的思想去看光明的一面。

有一首小詩〈光明的一面〉如此提醒我們：

假使我們尋找小小的樂趣，
如同我們注意小小的苦難；
假使我們能淡忘自己的損失，
而常記住自己已擁有的收穫；
假使我們不太注意別人的缺點，
而經常發覺別人的優點和長處；
則這個世界將會顯得更為快樂。
樂觀的人（因為認識上帝），
才會有真正喜樂的生活。

簡單而言，就是「比上不足，比下有餘」，這是一句很好的話。由於比上不足，人才會激起奮發圖強、努力上進的心志；由於比下有餘，也才令人有安詳和諧、知足常樂的心境。但是從反面來看，這句話的效果可就大異其趣了。比上不足可能使人怨天尤人甚至自暴自棄，比下有餘也可能使人固步自封甚至驕矜自恃；成功與失敗，就端賴這兩者之間的觀念來決定了。

悲觀的人說：「完了！只剩下一千塊錢。」樂觀的人說：「哇！還有一千塊錢。」同樣的人生，你可以活得多彩多姿，也可以活得悲嘆淒涼，這其中並沒有其他

的原因，只是要懂得去享受現在所擁有的一切。

西方人說：「人生只有兩個目標── 取得你所要的，享受你所有的；但是只有少數的智慧者才能達到第二個目標。」一個有智慧的人，瞭解自己所擁有的，並接受它、欣賞它、享受它，然後觀察自己的潛力應如何發揮，所以他會快樂。

享受目前所擁有的，是征服憂鬱與艱難處境的第一個祕訣。

將艱難視為成功的資產

雅各書記載：「因為知道你們的信心經過試驗，就生忍耐。但忍耐也當成功，使你們成全、完備，毫無缺欠。」（雅一3-4）這不是指消極地逆來順受，而是指積極地運用這些處境，使自己的靈性與品格達到更完全的地步。有智慧的人懂得將挫折視為機會，這是達到完全之前必修的課程。

耶穌說：「若有人要跟從我，就當捨己，天天背起他的十字架來跟從我。」（路九23）信徒不是天天走在

寬闊平順的道路上，有時難免遭遇意外，但這些是對人有益的，正如一句阿拉伯的名言：「天天都是陽光，便會造成沙漠。」一棵樹木的成長，誠然需要陽光的照射，但也不可缺少雨水的滋潤；同樣的，信徒不但需要順利亨通、有所成就，也需要逆境的陶冶與鍛鍊，來充實人生。一個有過患難挫折的人生，才是完整的人生；藉此也能除去內心之渣滓，獲得成全完備的信心。

「艱難」彷彿是我們的仇敵，其實是幫助我們的益友。如同孟子所說：「天將降大任於斯人也，必先苦其心志，勞其筋骨，餓其體膚，空乏其身，行拂亂其所為，所以動心忍性，增益其所不能。」因此，忍耐是指在一切艱難來臨時接納它、運用它，使之成為「成功」的機會。

《荒漠甘泉》上也有一句類似的諍言：「上帝所以將困難加予人者，也恰足以表示對人的厚愛，而將有所成全。」砂粒刺痛了蚌，蚌內珍珠才得以形成；歷史事實也證明，很多困難磨練了許多人，使他們活得有聲有色。從長遠的觀點來看，一個人如果沒有經歷過許多挫折，沒有解決過許多問題，就無法真正堅強，也無法成

器。因此，苦難會使人茁壯、成熟、完美。

雅各所說的忍耐是指面對一切艱難，能不埋怨、哭泣地問：「為什麼？」而是勇敢且充滿信心地問：「我能做什麼？」這種人必然能征服艱難、獲得快樂。

能行忍者乃智者，求主賞賜我們智慧，使我們懂得將艱難視為成功的資產。

把握非常上訴的權利

人的能力與耐力都很有限，單靠自己必然失敗，因此雅各的第三個祕訣就是：「應當求那厚賜與眾人、也不斥責人的上帝……只要憑著信心求，一點不疑惑。」（雅一5-6）有些事是我們能力絕對做不到的，但要重視並把握住我們的上訴權，祈求上帝的幫助，因為聖經上也說：「要不是上主建造房屋，建造者的工作就都無效；要不是上主守護城池，看守者的守衛就都徒勞。早起晚睡，為生活整天勞碌是枉然，因為上主賜安眠給他所愛的人。」（詩一二七1-2，現中修訂版）也正如古人所說：「謀事在人，成事在天。」這些都詔示我們要懂

得用祈禱來倚靠上帝，以改變環境。

雅各特別提出該為什麼祈求呢？求環境變得順利嗎？人若懂得肯定「艱難」之價值，就不會求上帝除去艱難，而是求上帝賜下「智慧」，知道並且能夠通過這些艱難，使他們更成熟、更完美。

一個敬畏上帝的人，上帝必然賞賜他智慧（箴九10）；一個有智慧的人，必然對上帝有信心且有定見；一個有信心且有定見的人，必然能勝過任何環境。

很多人不願吃苦，尤其是現在的孩子，一點苦也吃不得，作父母的也不懂得要祈求上帝幫助他征服這一點苦。一所國立大學曾傳出一則學生要求休學的趣譚。過慣了在家千日好的日子，一名新鮮人以「最大的耐性」忍受了半年「因陋就簡」的宿舍生活，終於忍無可忍、要逃之夭夭，他申請休學的理由是：「學生一學期以來，在校不堪生活之苦。餐廳伙食雖以下嚥，日日食不知味。宿舍設備不佳，缺冷暖氣，熱水供應又不足，日常起居甚為不適。兼之無音響，沒有身歷聲音樂的人生太過乏味，令人無法忍受。」校方接到這樣振振有詞的申訴真是大吃一驚，哭笑不得之餘也只有打回票，要他

徵得家長同意後再來商議。

如果一點苦都吃不了，怎能培養大丈夫能屈能伸、安貧樂道、廉潔不阿的情操呢？

一位上帝的僕人如此說：「上帝永遠不會把一個人放在他不能克服的環境裡，在困境中，祂必在耶穌基督裡賜給他足夠的力量。」有智慧的人懂得運用他的上訴權，祈求上帝給他力量去做那做不到的事，去征服處境的艱難，而能擁有快樂的心境。

不被處境操縱情緒

雅各提醒我們，人因有了智慧能看透一切，以至於不被處境操縱情緒，不但能有喜樂，而且因為懂得「以不變應萬變」，而能有成熟的人生：「卑微的弟兄升高，就該喜樂；富足的降卑，也該如此；因為他必要過去，如同草上的花一樣。太陽出來，熱風颳起，草就枯乾，花也凋謝，美容就消沒了；那富足的人，在他所行的事上也要這樣衰殘。」（雅一9-11）

不要被物質功名之得失轄制個人的情緒，因為這一切必然成為過去，保羅因將萬事視為糞土（參腓三8），所以他能說：「我無論在甚麼景況都可以知足，這是我已經學會了。我知道怎樣處卑賤，也知道怎樣處豐富；或飽足，或飢餓；或有餘，或缺乏，隨事隨在，我都得了祕訣。」（腓四11-12）約伯在遭遇家產盡失、兒女皆亡之後，能坦然地說：「我赤身出於母胎，也必赤身歸回；賞賜的是耶和華，收取的也是耶和華。耶和華的名是應當稱頌的。」（伯一21）是最好的楷模。

財富、名利可以給人一時的快樂，但這些都像花草般短暫，唯有內在的快樂不是處境能奪去的；也只有明白雅各所提示這段經文信息的人，才能擁有「富貴不能淫、貧賤不能移、威武不能屈」的信仰情操。

一個有智慧的人，必然不會患得患失」；一個不患得患失的人，必然不會被處境所操縱，反而能藉著信仰來開創新的處境，因而能勝過艱難，征服憂鬱。

古人說：「知足常樂。」唯獨智者能知足不被處操縱情緒。

前美國總統羅斯福在一九三三年的就任演說中說：「我們唯一該怕的是『怕』！」孔子在《論語》中也說過：「君子不憂不懼。」其不憂不懼之原因乃在於懂得「畏天」，這也正如聖經所詔示的，人若懂得真心「敬畏上帝」則無所懼、無所憂，因為我們呼求祂，祂必應允，救我們脫離一切的恐懼（參詩篇卅四4）。一個真心愛上帝的人，必然能獲得「不憂不懼」的新處境。

很多人把自己列入不幸的行列中，其實就在他自認「何其不幸」時，才是真正的最不幸。很多不幸的人口中連「不幸」二字都發不出來，有的甚至還弄不懂其含意。美國散文家哈巴德說：「你感到不幸嗎？感謝上帝，那表示你還活著。」人要從「自嘆不幸」的處境中釋放出來。

「時代考驗青年，青年創造時代」，何嘗不是「處境考驗信心，信心創造處境」？有信心的人能不憂不懼，求主給你智慧去征服憂鬱與艱難的處境。

切記！基督徒是享有不憂不懼之主權的人！珍惜它、享有它，讓它幫助你邁向成熟！

Notes

第 2 章

享用「征服怒氣」
的主權

　　我親愛的弟兄們，這是你們所知道的。但
你們各人要快快地聽，慢慢地說，慢慢地動
怒，因為人的怒氣並不成就神的義。

　　　　　　　　　　　　　　　——雅一19-20

　　「宰相肚裡能撐船」，常是用來形容一個人氣量很
大，能寬恕別人的評判。雅各以「快快地聽，慢慢地
說，慢慢地動怒」，保羅則以「生氣卻不要犯罪」、
「不可含怒到日落」，來勉勵且提醒基督徒應享受信仰
的大能以征服怒氣，使自己充分享用「征服怒氣」的
主權！

　　發怒是人內在情緒不滿的反應，一個人除非是鄉
愿，對任何事的是非黑白都無所謂，否則難免有生氣
發怒的時候，但值得思考的是為了什麼而發怒？如何
發怒？發怒是解決問題的最佳方法嗎？該如何平息怒
氣呢？

　　曾讀過報上刊載的一則新聞，內容是這樣的：有一
位青年人正要穿越過馬路，看見一輛計程車開過來，於
是他停在馬路邊，想讓車子先開過，不料計程車卻偏偏

停在他面前。這個青年人非常生氣，他認為自己好心讓車子過去，但車子卻故意擋住他的路，於是他便踢了車子一腳；計程車司機則以為這個青年要坐車，所以把車開到他面前好讓他上車，卻沒想到反被踢了一腳，兩人都覺得對方是「狗咬呂洞賓，不識好人心」，於是雙方動武大打出手，結果一個受傷一個殘廢。這就是不肯「慢慢動怒」、互相寬恕的結果。其實類似的事件屢見不鮮，都是由於不肯冷靜思考一點小事，結果發生衝突，演變成不可收拾的嚴重後果。

慢慢地動怒：不輕易發怒

「慢慢地動怒」不是指時間的長短，乃是指心態上的成熟度。一個有信仰的人能不輕易發怒；縱然發怒，也必會先經過思考、判斷，從而產生有建設性的怒氣。想激怒一隻狗很容易，你只要拿一隻棍子在牠面前揮幾下，就即刻可見其凶惡狀。人之異於動物，在於有判斷力、自制力；如果一件不順心的事臨到，我們就不假思索地生氣、發怒，那麼與動物又有何區別呢？

　　箴言說：「人有見識就不輕易發怒；寬恕人的過失便是自己的榮耀。」（箴十九11）這節經文與雅各、保羅的教導，皆告訴我們幾件事：（一）人可以發怒；（二）不可輕易（未經過思考）發怒；（三）發怒不可犯罪──用最好的方法來表達怒氣，絕不遷怒；（四）有願意寬恕人之心。

　　人在理短詞窮的時候，往往發脾氣；反過來說，人發脾氣的時候往往理短詞窮，因為無法憑道理說服人家，只得憑震怒懾服人家，這是意氣用事而不是理智用事。

　　讓我們提醒自己不可輕易發怒，且要學習有建設性的發怒，如此我們會更加明白雅各所說「慢慢動怒」之意義與價值了。

慢慢地動怒：建設性的怒氣

　　雅各除了教導我們「慢慢動怒」的基本道理之外，更教導我們不可動怒的原因何在：「因為人的怒氣並不成就上帝的義。」（雅一20）為什麼人的怒氣不能成就上帝的義呢？

（1）怒氣會使人失卻理性──心理學家說：「怒氣乃片刻之瘋狂，如果你不控制情感，情感就必控制你。」所以聖經上說：「好氣的人挑啟爭端；暴怒的人多多犯罪。」（箴廿九22）一個失去理性的人，必然失去自我。古人說：「小不忍則亂大謀。」又說：「得忍且忍，得耐且耐；不忍不耐，惹禍招災。」聖經也說：「暴怒的人挑啟爭端，忍怒的人止息紛爭。」（箴十五18）怒氣不但不能成就上帝的義，並且是走向自我毀滅的途徑。交通專家提醒人發怒時不可開車，因為這極度的危險；發怒時也不可作任何抉擇，因為一個失去理性的人能作出什麼正確的決定呢？

（2）發怒是懦弱的表現──發怒的人正表明了他的懦弱，不能承受環境或事實的壓力，缺乏自制力且容易被人激怒。發怒無異是承認失敗的表現，所以箴言說：「不輕易發怒的，大有聰明；性情暴躁的，大顯愚妄。」（箴十四29）除了發怒，難道就沒有解決的方法了嗎？

（3）發怒是用別人的過錯來懲罰自己──《抉擇月刊》曾刊載過一篇文章，敘述一位音樂家因脾氣暴躁，結果自己吃虧的故事。

　　大指揮家托斯卡尼尼向來以火爆脾氣出名，只要他一聽到有人演奏樂曲的情感表現不得體，就會隨手抓起一樣東西，重重地摔在地上。某一次的預演時，大師忽然聽到一個錯誤的音符，他一氣之下，便把自己名貴的手錶摔在地上，結果無法修復。過不多久，有一位崇拜大師的人士送給他一份禮物，這份禮物是兩只手錶，一只是非常漂亮的金錶，另外一只是普通手錶，這只普通錶上還附了一張字條，上面註明：預演專用。

　　別人奏錯了卻摔壞自己的錶，遭這種殃值得嗎？別人做錯了事自己受罰，吃不下飯、睡不著覺，用別人的過錯來懲罰自己，無論對自己或對別人都毫無價值可言。

　　（4）發怒顯出自己的無知──有時候我們發怒是由於自己的無知、自以為是所造成，這種怒氣往往更加突顯自己的無知。《讀者文摘》中曾有一篇文章如此說道：

　　　　我有一位鄰居是個九十多歲的老太太，但很活躍好奇。世界盃足球賽期間，她坐在電視機

前，幾乎每場都看。她當然不懂足球規則，不過她仍然愛看。她喜歡看那些穿著藍、紅、黃、綠色運動衣的球員，在翠綠的草地上追逐一個黑白兩色的球。只有一件事她看不順眼：有一個穿黑色運動衣的球員是跟著跑，可是永遠搶不到球。她生氣地說：「說真的，怎麼會有那麼不能與隊友配合的球員？那樣的笨蛋，還不如待在家裡好！」有人告訴她，那個人是裁判。

「慢慢地動怒」提醒我們思考：這一件事值得動怒嗎？動怒是唯一的方法嗎？如何使怒氣有建設性、有價值呢？你的怒氣能成就上帝的義、能利於人嗎？

慢慢地動怒：冷卻怒氣

如何控制且征服怒氣，是一個極重要的課題。

（1）**不想發怒的心願**——面對足以發怒的事而能不發怒，除非你有一股能力加以控制、疏導，方能如此，否則強制隱忍必然傷害自己。保羅給了我們一個祕訣：

「我願男人無忿怒，無爭論，舉起聖潔的手，隨處禱告。」（提前二8）求上帝賜我們力量，不是舉手打人而是舉手禱告，支取力量作大丈夫。雅各說當我們動怒時要「慢慢地說」，正如蘇格拉底所說：「在你發怒的時候，要關閉你的嘴，免得增加你的怒氣。」當我們心中充滿怒氣時，不是破口大罵，而是虔誠地禱告說：「主啊！幫助我驅走怒氣。」征服怒氣的祕訣，是先禱告再發怒。

（2）不輕易發怒的心願——「慢慢地動怒」是先思考一下為什麼發怒、值得發怒嗎？發怒合乎公義、真理嗎？發怒的結果能使人得益處或使上帝的名得榮耀嗎？所以箴言說：「人有見識就不輕易發怒；寬恕人的過失便是自己的榮耀。」（箴十九11）又說：「不輕易發怒的，大有聰明。」（箴十四29）古人說：「退一步天高地闊，讓三分心平氣和。」面對不滿，先學習冷靜思考；征服怒氣的祕訣就是——等一下再發怒！

（3）瞭解別人的想法——「快快地聽」是指願瞭解別人的想法而設身處地體諒別人。我們之所以發怒，常常是因為把自己的想法套在別人身上；然而，自己所堅

持的理，究竟合乎真理抑或只是歪理呢？

在台北某音樂教室的走廊上，三位婦人在一起閒談。愛好寫作的甲太太說：「國文最重要，小孩子在小學時打好根基，其他學科也會好，參加升學考試就不怕。」作生意的乙太太說：「數學最重要，處在科技時代，數字的應用是一切科技的基礎。」當舞蹈老師的丙太太說：「藝術最重要，小孩本來就好動，唯有音樂、舞蹈、美術，能使他們擁有更豐盈的精神生活及優美的氣質。」丁太太聽了後說：「唉！這都是你們一廂情願的說詞，怎麼不問問孩子的想法呢？」頓時，大家都楞了一下，呆住了。

體諒、瞭解別人的想法與看法，是征服怒氣的祕訣之一。

（4）不可含怒到日落——保羅給我們的祕訣是：「生氣卻不要犯罪；不可含怒到日落，也不可給魔鬼留地步。」（弗四26-27）不可長久發怒，要設法解決怒氣，因為怒氣會成為恨，而「恨」會產生更可怕的後果。長久的怒氣會使人想不開，以致嚴重地損傷自己，也必然損傷別人。征服怒氣的祕訣，就是有「我不想再

發怒了」的意願與決心！

清代中葉有一位名叫蔣坦的才子，他妻子喜歡芭蕉，窗外綠蔭濃密，秋來風雨瀟瀟，他聽了那聲音感人心碎，於是寫道：「是誰多事種芭蕉？早也瀟瀟，晚也瀟瀟。」第二天他妻子看了，便提筆續下：「是君心緒太無聊，種了芭蕉，又怨芭蕉。」一樣的雨打芭蕉，有的人聽了心曠神怡，認為情境優美；有的人聽了感慨萬千，覺得愁腸百結。客觀的景物一樣，主觀的感覺卻因人而異。當盛世盛年、處於順境的時候，且不免惆悵失意；在流離亂世、身處逆境的時候，更會多愁善感。這是為什麼？乃是情緒沒有理智的輔正，而失去了平衡！

人是有理智和情感的動物，憂愁、快樂、憤怒、謙和，多半是情緒作用，因此要學會以真理來提升理智，以理智矯正疏導情緒，不使情緒淹沒理智，才能保持身心的愉快與健康。

切記聖經的教導：「快快地聽，慢慢地說，慢慢地動怒」，「生氣卻不要犯罪；不可含怒到日落」。如此行，必然蒙福！

切記！基督徒是享有「征服怒氣」之主權的人。珍惜它、享有它，讓它幫助你邁向成熟！

第 **3** 章

享用「革新自我」的主權

只是你們要行道，不要單單聽道，自己欺
哄自己。因為聽道而不行道的，就像人對著鏡
子看自己本來的面目，看見，走後，隨即忘了
他的相貌如何。惟有詳細察看那全備、使人自
由之律法的，並且時常如此，這人既不是聽了
就忘，乃是實在行出來，就在他所行的事上必
然得福。

——雅一22-25

有一年我參加浸信會神學院的畢業典禮，在典禮
中，神學生送給母校一面極大的鏡子作為臨別留念，並
獻了一首詩歌〈主啊！我情願〉，以歌聲表達了他們的
心聲，這詩歌的歌詞使我深受震撼：

主啊！我情願獻上一切所有，
拒絕妥協生活，為要得著祢。
主啊！我情願背起十字架來，
撇下應得享受，甘心跟隨祢。
主啊！我情願順服祢的旨意，
接受各樣試煉，一生信靠祢。

主啊！我情願擁有祢的愛情，
捨棄一切所愛，永遠屬於祢。
唯有祢是我所愛，唯有祢是我所求。
親愛主，是祢，我就都情願。阿們！

聆聽他們在聖壇上扣人心弦的歌聲，眼見他們致贈母校的禮物——一面鏡子，不由得使我深切體會，一個人一生忠貞事奉主至終不渝，真不是一件容易的事，除非他懂得不斷地面對自我（照鏡），還要有勇氣不斷地革新自我，否則一切的理論都是空談，五分鐘的熱度一過仍是故態復萌，結果必然使美好的理想亦告無疾而終。我相信不單是傳道人，即使是一般人要有所作為，都須學會不斷地革新自我，天天活在成長的蛻變中，邁向成熟。

「革新」，是主的呼召

雅各說：「只是你們要行道，不要單單聽道，自己欺哄自己。因為聽道而不行道的，就像人對著鏡子看自己本來的面目，看見，走後，隨即忘了他的相貌如

何。」（雅一22-24）這段經文至少提醒我們幾件事：
（一）鏡子的重要；（二）上帝的話語是我們的鏡子；
（三）鏡子能使我們認清自己、潔淨自己，聽道、讀經
的目的也在於此；（四）聽道而不行道就是自欺欺人，
也失去了聽道的意義。雅各用這個比喻來強調我們對
於真道應有的正確反應，要以真道修正自己的行為、思
想、價值觀，進而成為日臻進步、完美的人。

很多人相信人類是由進化而來的，你也相信嗎？我
讀過一篇以〈進化與退化〉為題的文章，內容描述人如
何從野蠻進入文明，從獸性轉為人性；這一切均顯示著
人在往更完美、更成熟的境界發展。但你是否注意到，
今天的人類卻反映出退化的現象？

人類所表現出的獸性，往往掩蓋了人性的特質——
打鬥、殘殺、欺詐、放蕩、性泛濫、婚姻制度瓦解，一
味追求物質、金錢，所謂人欲橫流（實則獸欲橫流）；
人表現的只是動物的本能，甚至連動物都不如。人類除
了科技之外，一切都在走下坡；人類在退化，退化到與
一般動物一樣只知吃喝玩樂、放浪形骸，然而聖經詔示
我們要照鏡子，認識自己、改變自己，也啟發我們要

完全，「像天父完全一樣」。上帝要人在祂的旨意中，「進化」到與祂相同的完善與榮美，由人性走向神性。

在日常生活中，有人說可由血型認識、瞭解人的個性，但是我深信福音的大能可以改變人，使之棄除原有血型之缺點，並吸收其他血型之優點。換句話說，基督徒的個性會因著不斷地革新，使人無法由其個性中猜測或判斷他的血型，因為他已具備了各種血型的優點。這正是我們應該學習努力的目標，我們的個性、脾氣，越來越改進、越來越完美，因為我們活在革新中。耶穌不但賞賜我們生命，而且更給了我們豐盛的生命──一個更成熟的人生。

相信主耶穌不在於所歷年資多長，教義瞭解多深；而是在於耶穌改變了我們多少，以及我們是否活在進步中。我們不但要接受聖經那革新的呼召，更要有勇氣挑戰自己──活在革新中。

「自我」，乃革新的障礙

革新最大的障礙，乃在於自我的作祟——不認識自己（不照鏡子）、自以為是（不承認鏡中的我）、不想改進（照了鏡子卻無反應）。以下，我用幾類的例子，來闡述如何破除革新自我的障礙。

人最大的軟弱是自以為義，不照鏡子；縱然照了鏡子，也不承認鏡中的「自己」。一個不認識自己的人，怎能在革新上有所進步呢？「自以為是」常常是人吃虧的原因，就以我讀過的一篇〈你丟我撿〉的短文為例，即能瞭解人的失敗往往在於「我想」、「我以為」此種自以為是的錯誤抉擇上：

星期假日，我上市場買水果，站在小山堆似的柳丁前面，不禁有些頭痛。隱約記得母親說柳丁呈卵形，色澤金黃的較甜；我又想，軟一點的應該多汁，於是一個個地選。太硬的，我就先放到一旁；不久，發現站在我旁邊，一位也在選購柳丁的太太，她卻將我嫌太硬而先放在一旁的柳丁撿起來放入袋中。如此這般，

我們一來一往、你丟我撿，二人合作無間；不一會兒，都各買了一大袋。飯後，切一盤柳丁上桌，家人吃了都嫌不夠甜。農家出身的外子教我以後買柳丁時，要選硬些的較甜。我一聽，不禁笑了出來，只好將早上的情形告訴外子。外子笑罵：「笨啊！」

我們常以「似是而非」的判斷去作抉擇，這種抉擇若發生在關鍵性的問題上時，勢必鑄成極大的危險。

天主教教宗若望廿三世，年輕時曾擔任修道院青年宿舍的監督，辦事十分認真。他曾在門口裝置一面大鏡子，在上面寫了幾個大字——「認識你自己」。他希望學生在外出或返回宿舍時，能對著鏡子自照一番，看看自己是否容貌端莊，衣冠整齊，能給人良好的印象。誠然，一面光亮的鏡子能反映出人的外貌形態，即使是藏於濃密黑髮中的一根銀絲，或臉上的一個小污點，只要面對鏡子便可一覽無遺。然而，問題是我們有勇氣去面對心靈的明鏡，且承認鏡中的自己嗎？對於鏡中所反映出的形象，能有勇氣加以潔淨嗎？

　　從來不照鏡子的人，很容易自我陶醉；從不自我估量的人，必然好高騖遠；因此，人不只是適應而生存，乃是要追尋、明白上帝要我們成為什麼樣的人。我們常會因堅持「我的理想」，而忽略了上帝計畫中「理想的我」為何；當我們正堅持己見，滿嘴高言大志與理想時，是否曾反問自己又是塊什麼料子呢？

　　有一個故事如此說，一個想成家的年輕人，在街上看到一個招牌寫道「美式婚姻服務處」。年輕人付了一百元進去了。他推開一扇門，房間裡面有兩扇門，分別寫著「年輕貌美」與「成熟」，他滿懷希望地推開「年輕貌美」那扇門；房裡又有兩扇門，寫著「溫柔體貼」和「偶有小脾氣」，他當然開了第一扇門。豈知，門裡又有兩扇門，分別寫著「嫁粧可觀」及「沒有嫁粧」。年輕人自言自語道；「那還用說。」就進了嫁粧可觀的那扇門。房裡空空洞洞，但有一面鏡子，年輕人往鏡子一瞧，鏡子上寫著一行字：「要求太多。先照鏡子瞧瞧自己。」能先照照鏡子的人，就不致自狂、自迷、自醉了。

革新自我的根源

在我們生活周遭，處處都有鏡子——他人的回應、聖經的教訓、自己的良心……，這些豈非一面光亮的鏡子？從聖經中的真理，可以瞭解自己的光景是否虧欠了上帝的榮耀；從自我的良心，可以指出自己的善惡。一個成功的人要瞭解自己的長處，也要瞭解自己的缺點，如此才懂得「取人之長，補己之短」。人需要有面鏡子，這種內在的工夫幫助人有自知之明，且改變自我、邁向成熟。

話說，早年電話並不普遍，某公司三間辦公室合用一具電話機。靠近電話機的人整天幫別人接聽電話，十分苦惱；於是，這具電話機究竟放在誰的辦公桌上，成了一大問題。不久，這家公司來了一位新人，大家趁他到職之前，把電話機移到他的辦公桌上安放。此人來了，他是基督徒，因著信仰，有上帝同在，所以他坦然視之不動聲色。

電話鈴響，他迅速接聽，對方說找某甲通話。他低聲問身旁的同事：「某甲是誰？坐在哪間辦公室裡

的哪個位置？什麼職務？……」然後起身找某甲來接聽電話，同時把某甲的資料記下來。然後是某乙、某丙……。三個月後，三間辦公室裡所有的同仁都對他充滿了好感，皆願意和他作朋友，而他也弄清楚了每個人對他有多大的用處，或可能有多少害處。他開始建立他的權威，選擇他的朋友，許多人得遷就他，因為他掌握著大家對外溝通的樞紐。這具電話機是別人的累贅，卻是他的成功機會，辦公室裡的人因此陷入沉思。他們有些後悔了：「為什麼不早早把電話機放在自己桌上呢！」

上帝必然幫助你「變負為正」，因為你懂得以人為鏡，也願意淨除內心的不滿、怒氣，所以你快樂、純良、可愛，最後必可獲致成功。

上帝在我們周圍擺了第二面鏡子，就是從別人身上認識自己、改正自己，懂得「見賢思齊，見不賢內自省」，也懂得取人之長（懂得欣賞別人之長處，發現別人之優點）、補己之短（懂得不自我陶醉，知道自己需要不斷更新進步）。

　　唐朝的開國名臣之一魏徵，對王忠貞不二，直言進諫；他過世後，唐太宗登苑西樓，悲慟至極，於是親製碑文，並書勒石，對侍臣說：「人以銅為鏡，可以正衣冠；以古為鏡，可以見興替；以人為鏡，可以知得失。魏徵沒，朕亡一鏡矣！」人的勸勉如同一面鏡子，能幫助我們認識自己。

以人為鏡，是使自己革新的方法

　　別人的得失，也是自己的一面鏡子；如何從別人的失敗中引以為鑑而不重蹈覆轍，才是真正有智慧的人。讓我透過東方的一個故事來描述這種道理。

　　某宗教說，所有的靈魂都不願轉世為人，視作人為苦役，獨有一個靈魂自告奮勇。閻王問他：「你有什麼理由？」他說：「我前世為人，犯了很多錯誤，希望有機會從頭再來一次。」「好吧！」他的要求得到了批准。轉世之前依例要先喝一碗迷魂湯，他不肯喝。「喝下這碗湯，前生的經歷完全忘記了，如何還能知道長短得失？」閻王告訴他：「放心吧！你犯下的錯誤，別人也會犯；只要觀察別人的行為，引以為鑑就夠了。」

整個故事雖屬虛構不足採信，但要切記「觀察別人的行為，引以為鑑」，基督徒更要學會在別人的缺失、短處上警戒自己。

第二面鏡子的另一個含意是，每當我們面臨抉擇時，要面對「他人」這面鏡子而自問：「我這樣做，能造就人嗎？」（參林前十23）基督徒活著一天就是報一天的恩，報上帝救贖之恩（因此要榮耀祂），報父母養育之恩、師教誨之恩、親友關懷之恩……。人活著究竟為了什麼？是為報恩？抑或虛走一遭甚至作惡多端？就要看各人如何去想了。

因此，第一面鏡子是──我這樣做，對得起上帝嗎？

第二面鏡子則是──我這樣做，對得起他人、父母、老師、親友嗎？人以此在內心自省，必然活在成長中！

第三面鏡子是自己的良心──我這樣做，對得起良心嗎？對我身心及品德的成長有益處嗎？聖經提醒人「常存無愧的良心」，就是成長革新的祕訣。

　　某所大學曾在校園購置了二百餘把「良心傘」，一學期下來絕大部分有去無回——良心與雨傘齊飛，少數回籠的則已損壞不堪。該校學生於是發起「拿出良心」的自覺運動，決定再添購一批試試看。

　　遺失良心傘，在一般公共場所根本不足為奇。因為公共場所出入的人很多，難免有些貪小便宜的人存心留下獨享；或認為這是小事一樁，再經過時忘了帶回去，不經過時又不願為了還傘而特地跑一趟。這些人根本就忘了「良心」二字，哪可指望他送回雨傘。可是發生在大學中，就很值得注意了，因為我們認為公德心和教育程度有關。過去我們認為那些借傘而不還的，可能都是低教育程度的人；而大學生是知識分子，如果連大學生也染此惡習，那麼公共道德的發揚，要寄望在什麼人身上呢？

　　喚回良心不只是這所大學之學生「必修」的課程，對於基督徒尤為重要。一個人若常存無愧的良心，且去實行對自己身心品德均有益處的抉擇，那麼必然能因革新自我之中而成長。

我們應以三面值得借鑑的鏡子來檢視自己、革新自己：

（一）對得起上帝——人生為報天恩。

（二）對得起他人——報父母、教師、親友之恩。

（三）對得起自己——不致受自己良心的譴責。

以「報恩」之心態，善度人生光陰

名畫家達文西作了一幅名畫〈最後的晚餐〉。這幅畫的內容眾所周知，是耶穌和祂的門徒最後一次聚餐。

達文西想找一位「舉止文雅，道貌不凡」的青年作為模特兒，來描繪耶穌的像貌。他物色了很久，最後在一所禮拜堂的詩班裡，發現了一名叫潘迪奈的青年。這位青年不僅面目清秀、體態均衡，而且品學修養皆好，歌詠才分也高。達文西就出資請他到自己的畫室，充當基督畫像的模特兒。

達文西用了兩年多的時間才完成這幅名畫。兩年以後，這位大畫家在描繪最後一位門徒——猶大時，為了找一位面貌表情酷似這個叛徒的人，花費了不少心思與

時間。物色了很久，最後找到一個面貌蒼老、表情憔悴的青年，顯出他的心靈已告腐敗。達文西覺得這個人正好可以作猶大的模特兒，於是又出資請他到畫室坐一坐。待這個人在畫稿前坐定，大畫家依照他的面孔來描繪猶大的像貌時，這個人不禁大哭失聲──他不是別人，正是潘迪奈！他近兩年來所過的罪惡生活，竟使原有基督般像貌的他，變為酷似賣主求榮的猶大。

這雖是一則故事，但其所表達的真理與教訓，卻是不容置疑的。

當任何人的生活離開了自我反省的鏡子時，就必然走向墮落、自我毀滅的道路。你願有耶穌的面貌嗎？或是你長得是一張猶大的臉呢？這就在乎你的抉擇，在乎你是否肯天天自我反省，天天享受革新自我的主權，使你由人性漸趨「神性」的境界，這是上帝的應許。

切記！基督徒是享有「革新自我」之主權的人。珍惜它、享有它，讓它幫助你邁向成熟！

第 **4** 章

享用「爲所應爲」的主權

你們既然要按使人自由的律法受審判，就
該照這律法說話行事。

——雅二12

惟有詳細察看那全備、使人自由之律法
的，並且時常如此，這人既不是聽了就忘，乃
是實在行出來，就在他所行的事上必然得福。

——雅一25

　　每個人在日常生活中最為費神旳事，莫過於「作決
定」——該怎麼辦？該不該辦？買不買？可不可以？去
不去？甲、乙、丙、丁四方案中，該採取哪一方案？新
機器該買哪一品牌？……林林總總，總是有沒完沒了的
問題等待我們作決定。而人生的成敗，往往取決於這一
連串問題之決定正確與否；大人如此，小孩也不例外：
區區壓歲錢如何運用，買些什麼東西，都足以令孩子們
頭痛半天。總之，「作決定」對任何人而言，都是十分
困擾的事。因此一個人的成就大小、本領強弱、有無氣
量風度，均可由他「作決定」所持之原則與方式，而得
以瞭解。

面對一切事件之抉擇與決策方式，可分為兩大類：
（一）為所欲為，想做就做；（二）為所應為，該做就
做。一種是有自制力、思考力；另一種則是聽其自然，
不加思索、任意妄為。

一個人的成功絕不是僥倖得來的，而是懂得在「為
所應為」的意識中，肯付上代價，肯努力的人才能獲
得。這正如雅各所傳的信息：「惟有詳細察看那全備、
使人自由之律法的，並且時常如此，這人既不是聽了就
忘，乃是實在行出來，就在他所行的事上必然得福。」
（雅一25）「你們既然要按使人自由的律法受審判，
就該照這律法說話行事。」（雅二12）我們的自由乃
是建立在律法的根基上。此律法就是我們所作一切抉擇
應持有之方式；也因著上帝的幫助，信徒足可勝過內心
自我掙扎與外界之誘惑，而能實踐「為所應為」的生活
原則。

「為所應為」的意義

以「為所應為」標準去處世的人，在任何決定之前
會不斷地思考：我這樣的決定對嗎？我該如何做呢？這

是一個有毅力且滿有智慧者的表現。

「為所欲為，想做就做」，乃濫用自由。「我想怎麼做就怎麼做」，不考慮別人，也不考慮後果，這種人的人生終究必然失喪。為所「應」為與為所「欲」為，哪一種能真正獲得自由呢？正如遵守交通規則才能使我們安然到達目的地，守法不但不會使我們失去自由，反而能得著有保障的真自由；不肯遵守交通規則，一旦出事、肇禍喪命，濫用自由者的結局終必失去自由。

社會上頻頻發生暴力事件，使治安亮起紅燈，嚴重威脅到國民生命與財產的安全。前內政部長林洋港先生便曾由四方面分析原因——其一為有不少國人誤認自由、濫用自由，缺乏法紀觀念，尚未養成守法習慣，以致我們的社會受到不良影響。其二為一般人由儉入奢易、由奢返儉難，真是敗壞了純厚的社會風氣。其三為台灣邁進工業化後，大家庭制度逐漸式微，傳統倫理觀念日益淡薄，父母對子女的管教力量轉弱。其四為社會轉型帶來價值標準及行為規範的分歧失調。而這四項原因中最重大者，乃是因人們濫用自由、缺乏法紀觀念，以致不肯守法。

　　每當有機會出去傳福音時，總聽見有人對基督徒不能有抽菸的自由而感到惋惜。果真令人惋惜嗎？其實基督徒不是沒有抽菸的自由，而是不願意抽，反倒是那些有抽菸嗜好者沒有「不抽菸」的自由，你認為呢？明知抽菸不好，卻不能不抽，因為他們已失去了「不抽」的自由。

　　以香菸為例，想抽就抽，是很自由；一旦身陷轄制，就失去了「想不抽」的自由了。

　　套用「犧牲享受、享受犧牲」這句話，便可體會出「犧牲自由、享受自由」的道理。一個基督徒在做任何事之前，若能先問上帝：我這樣做對嗎？不但問，而且也順服上帝，他必然能獲得最大的成功，這就是雅各所傳的主要信息——「就在他所行的事上必然得福」。

　　基督徒的行為是「為所欲為」，或是「為所應為」呢？成與敗，就操縱在此兩極的抉擇之上。

「為所應為」的動力

為所應為的標準又是什麼呢？要如何獲得？又要從何處獲得？雅各說：「惟有詳細察看那全備、使人自由之律法的，並且時常如此，這人既不是聽了就忘，乃是實在行出來，就在他所行的事上必然得福。」（雅一25）從這段經文，我們將可獲得答案。

（1）**由聖經得著標準**──「詳細察看」所提示的，是信徒不可以馬馬虎虎地讀聖經，乃是要熟讀、精讀、默想、分析，並探索其真正的含意，「並且時常如此」。天天照鏡子的人，才能常保容貌的整潔；一個行事馬虎草率的人，他的信仰也必然是馬馬虎虎。詩人所提出的「三不主義」：「不從惡人的計謀，不站罪人的道路，不坐褻慢人的座位」（詩一1），就是為所應為的具體注釋，其根本的動力就是「晝夜思想耶和華的律法」（參詩一2）。不讀聖經，很難成為一個有所為與有所不為的基督徒。

（2）**由實踐中去領悟**──不是聽了就忘，乃是深植內心，永不忘懷，能實行出來。聽道而不行道是自欺欺人，正如耕田卻不先撒種，是一樣愚拙。

（3）**實行必然得福**——有上帝的話存在心裡的人，就能有「不憂愁的自由」、「不恨人的自由」、「不被嗜好捆綁的自由」、「饒恕人的自由」、「愛仇敵的自由」、「行善的自由」、「不必身繫囹圄的自由」……，因為耶穌說：「你們必曉得真理，真理必叫你們得以自由。」（約八32）這即是有所為、有所不為的自由。這是何等大的福氣！

可惜現代人無法領悟真理的價值，有三個因素：

（1）**現代人的特色使然**——忙碌、混亂、沉迷於物欲無法自拔，以至於沒有時間讀經，看重金錢勝於一切。從前的人視品格操守為第一生命，如今金錢成了人的命脈、真理，良心已不值一文，故此人心墮落、社會混亂。

（2）**現代人的問題使然**——生活缺乏樂趣、缺乏思考力、無法自制、只顧眼前的得失、不管將來的結局，這種人必是「為所欲為，想做就做」，其生活中充滿危機，更是無庸置疑的事實。

（3）現代人的危機使然——重視科技、忽視信仰，無心探討信仰內容，更談不上「生活信仰化」，也無從善度「為所應為」的生活。由於信仰往往決定人的觀點、生活原則、價值觀念、道德標準，一個沒有信仰的人常會產生「我就是律法」的自以為義、我行我素之論調與行為；要不，就是盲目地隨從時代潮流，任憑環境的擺布，莫可奈何地面對一切事物作決定，無怪乎人的行為越來越墮落，越來越敗壞。

基督徒必須勤讀聖經，才能知道什麼是「應當」。基督徒要有行道的決心與毅力，並學會祈禱、倚靠聖靈的大能，才能夠有「為所應為」的見證。

聖經可使人離開錯誤，基督徒是否應珍惜、勤讀之，以享有此一權利呢？

「為所應為」的原則

面對一切抉擇之時，我們當如何辨別是與非、對與錯呢？又如何知道是「為所應為」或「為所欲為」呢？

（1）所行的是否違背真理？「我們凡事不能敵擋真理，只能扶助真理。」（林後十三8）

（2）所行的是否出於詭詐？「掩蓋的事沒有不露出來的；隱藏的事沒有不被人知道的。」（路十二2）

（3）所行的是否出於虛榮心的驅使？「凡事不可結黨，不可貪圖虛浮的榮耀；只要存心謙卑，各人看別人比自己強。」（腓二3）

（4）所行的是否以愛為基礎？「凡事都不可虧欠人，惟有彼此相愛要常以為虧欠，因為愛人的就完全了律法。像那不可姦淫，不可殺人，不可偷盜，不可貪婪，或有別的誡命，都包在愛人如己這一句話之內了。愛是不加害與人的，所以愛就完全了律法。」（羅十三8-10）

（5）所行的是出於聖靈的感動或只是情緒衝動？「你或向左或向右，你必聽見後邊有聲音說：『這是正路，要行在其間。』」（賽三十21）

（6）所行的是否能榮耀上帝？「所以，你們……無論做甚麼，都要為榮耀神而行。」（林前十31）

（7）所行的是否有益於人？「無論何人，不要求自己的益處，乃要求別人的益處。」（林前十24）

（8）所行是否有益於自己的身心？「凡事我都可行，但不都有益處。凡事我都可行，但無論哪一件，我總不受它的轄制。」（林前六12）

一個運動員參加比賽，就必須遵守比賽規則；即使技能遠勝於人，若不遵守這些原則，必定被裁判判出局，即使技術再好依然無用。一個人的錢財、知識、才幹，在為人處世的生活中固然占有重要地位，然而道德更加重要。懂得為所「應」為的精義，知道運用「為所」應「為」的方法，才是一切成功的起點！

曾經流傳著這麼一則故事：

一個不懂得航海的人，糊裡糊塗當上了船長，船一開航，各式各樣的機械、來來往往的水手、繁忙的沉重工作，很快就讓這位業餘航海家煩躁起來。

他不耐煩地指著前艙的一個人：「你看！這人在搞什麼鬼？就這樣忽左忽右，不斷地轉動那大舵輪。」

別人回答他：「他是舵手，負責控制船的

方向，讓船安全前進。」

「除了一望無際的海洋，還會有什麼危險呢？這樣重複不停的操縱是沒有必要的，我認為船隻本身自然會朝前方行駛，你們只要在陸地和船隻出現時趕快控制它就行了。現在，停止船上的機器運作，我們可以輕鬆地隨船自行前進。」

命令執行了，可怕的是，船也跟著觸礁了。這個愚蠢的船長，引領著全體水手走向滅亡。

傳說就是這樣，而多少年後的我們，依然迴盪著船的故事，依然深深記得這位糊裡糊塗的船長。

當然，我們很難相信有這麼愚蠢的船長，可是在我們人生過程中，也要負責導航一些最珍貴、最精緻的「船」——包括我們的心智、我們的生命。這時候，我們究竟付出多少心力來引導它？你會不會也像那位愚蠢的船長，讓船自然地自行前進？你會不會讓忿怒情慾的狂風淹沒自己，任憑隨性的友誼、見解和漫無目的的娛樂來支配生活，進而無法審慎選擇未來？你願成為成功

地引渡自己航向成功、幸福而安寧之港口的船長嗎？

在這最富庶的土地上、最繁華的時代裡，多少人懷著高度理想和憧憬，投入人生的競賽中，卻遠遠地落在人後，無法成為成功的船長。為什麼呢？千古以來，曾經有過的懷疑，依然迴響著同樣的問號：「為什麼有人成功了，有人卻一敗塗地？」「成功的因素究竟是什麼？如何獲致成功呢？」自古至今，成功沒有僥倖得來的，成功總屬於那些追求明白「為所應為」的道理，且又努力去實踐的人。誠如聖經所說：「真理必叫你們得以自由。」（約八32）又說：「你們既然要按使人自由的律法受審判，就該照這律法說話行事。」（雅二12）基督徒是有權利、有能力可以「為所應為」的人。

切記！基督徒享有「為所應為」的主權。面對一切誘惑，面臨任何抉擇，總要珍惜你的主權並充分享用它，讓它幫助你邁向成熟。

Notes

第**5**章

享用「愛人如己」
的主權

我的弟兄們，

你們信奉我們榮耀的主耶穌基督，便不可按著外貌待人。

若有一個人帶著金戒指，穿著華美衣服，進你們的會堂去；又有一個窮人穿著骯髒衣服也進去；你們就重看那穿華美衣服的人，說：「請坐在這好位上」；又對那窮人說：「你站在那裡」，或「坐在我腳凳下邊。」這豈不是你們偏心待人，用惡意斷定人嗎？

我親愛的弟兄們，請聽，神豈不是揀選了世上的貧窮人，叫他們在信上富足，並承受他所應許給那些愛他之人的國嗎？你們反倒羞辱貧窮人。那富足人豈不是欺壓你們、拉你們到公堂去嗎？他們不是褻瀆你們所敬奉的尊名嗎？

經上記著說：「要愛人如己。」你們若全守這至尊的律法才是好的。但你們若按外貌待人，便是犯罪，被律法定為犯法的。因為凡遵守全律法的，只在一條上跌倒，他就是犯了眾條。

> 原來那說「不可姦淫」的，也說「不可殺
> 人」；你就是不姦淫，卻殺人，仍是成了犯律
> 法的。你們既然要按使人自由的律法受審判，
> 就該照這律法說話行事。因為那不憐憫人的，
> 也要受無憐憫的審判；憐憫原是向審判誇勝。
> ——雅二1-13

　　從前曾有兩個感情極好的朋友相約一同去旅行，在途中無意間發現一把金斧頭，其中一個就搶先撿起來說：「這是我撿到的，應該是我的。」另一個則帶著不服的口吻說：「不！這是我們二人共同發現的，所以是我們共有之物。」於是引起爭論，「我的」、「我們的」，吵個不停。正鬧得不可開交之際，斧頭的主人從後面走過來，喊著說：「你們怎麼隨便拿人家的東西呢？」二人大吃一驚，連忙將斧頭丟在地上，一個道：「我不知道，不是我的事！」另一個道：「我更不知道！」不再爭執斧頭屬誰了。

　　在平順安樂時，擁有彼此相愛的友情並不難；但在困難、艱苦中時，就極其難能可貴了。正因為如此，我

們才能更加體會主耶穌教訓的時代價值，祂曾說：「你
們若單愛那愛你們的人，有甚麼賞賜呢？就是稅吏不也
是這樣行嗎？你們若單請你弟兄的安，比人有甚麼長處
呢？就是外邦人不也是這樣行嗎？」（太五46-47）主耶
穌將律法的精神總結為：「盡心、盡性、盡意愛上帝，
並愛人如己」（參路十27）。愛人如己，是我們處世待
人之原則。

　　雅各繼承基督之教訓，也在雅各書二章1至13節中重
申「愛人如己」的誡命，以作為與人相處的基本原則。
以愛人如己之心去尊重人、勸勉人、體諒人、關懷人，
必然產生極大的果效。基督徒最大的福分，莫過於懂得
愛人如己，並有實踐此一道理之能力。

愛人——為己？如己？

　　所有教導倫理學或講述人際關係的學者，甚至一般
的宗教家，也極力強調愛的重要；然而，此「愛」與基
督信仰所傳講的愛有極大的差別。有人以愛作為得人、
成功之手段，這就是愛人為己；有人則以愛作為待人處
世之原則，願在犧牲中建立彼此更有內容的人生。我們

應該傳講、實踐愛，但不是自私、盲目的愛，乃是「你願別人如何待你，你也要如何待人」之主動性的愛。

所謂愛人為己的愛，是指有企圖、有目的，極為自私的愛；愛不是分享，愛竟然是手段。在呂春長牧師的證道集中，引述了一個極有意思的故事，據說從前有個老人，二個兒子都很不孝，不肯照顧老人家的生活。有一天，他們的舅父送來一只極其笨重的大鐵箱，交還老人，說是時局不好，不願保管，怕負不起賠償責任。兩個兒子意味到父親尚有這樣一只寶箱，從此特別孝敬老人。

有一天，老人家死了。兩個兒子等不及父親下葬，便趕緊打開那只寶箱，預備均分那一箱「寶貝」。但出乎意料，箱子裡卻只裝著一些石子，上面有一張紅紙，寫著一個養老祕方：「若無石子，餓死老子！」（台語即是：「若無石頭，餓死老猴！」）

孝順父母竟只是為了得財產，不是真正孝順，是為己而孝！愛也不例外。愛人如己，不是為達成自己的利益而愛人，是我們如何愛自己，也當如何愛別人；是設身處地常為別人著想，而且能主動體察別人的需要，且

願盡力去幫助。

　　「己所不欲，勿施於人」之道理與「愛人如己」之道理似乎極為相似，但前者較為消極，後者較為積極。「不欺侮人」只是消極的態度，唯獨積極地行善、助人，正是福音所產生的大能。愛人如己是我們信仰的特色。

以「愛人如己」的心尊重人

　　雅各教導我們如何去尊重人、去瞭解人，他說：「我的弟兄們，你們信奉我們榮耀的主耶穌基督，便不可按著外貌待人。」（雅二1）以外貌待人是人的劣根性，尤其以金錢來衡量人成敗更加無知。然而，在這個社會卻是充滿了為錢而生、為錢而活的人。錢可以左右人的是非觀、善惡觀，基督徒能否免於此種危機呢？

　　有一次，前英國首相邱吉爾前往下議院演講，當他走出計程車時，他對司機說：「我在裡面大概要耽擱一個鐘頭，你可以等我嗎？」「那不可能！因為我得趕回家去，在收音機前聽邱吉爾的演說。」邱吉爾一聽這

話，大為驚喜，便賞了司機一筆為數不少的小費。「先生，我想過了！」司機見他那麼慷慨，便說：「還是在這裡等著送你回去好了！管他邱吉爾是什麼東西！」

金錢能改變人的態度及說話的語調，怪不得社會上有「有錢好辦事」的現象——有錢，便效率高、無往不利。基督徒是否也如此勢利眼呢？

古人說：「以貌取人，失之子羽。」又說：「凡人不可貌相，海水不可斗量。」這兩句話說明了從外表判斷人是絕對靠不住的。

但人只會看人外表，也喜歡看外表。聖經上說：「耶和華不像人看人：人是看人貌，耶和華是看內心。」（撒上十六7）耶穌多次責備法利賽人，說他們「洗淨杯盤的外面，裡面卻盛滿了勒索和放蕩。」（太廿三25）世上多的是偽君子，他們「好話說盡，壞事做盡」。

記得電視節目《飲冰室夜話》，有一集播出的內容很有趣，播出文章的作者如此說：

我有一個朋友嗜好集郵，和我一樣，閑時就捧出那些寶貝欣賞。有一天，他找不到他的放大鏡，上天下地找遍了，就是沒有找到，他疑心是鄰居的孩子曉文偷了。

他對我說：「你看，他走路的樣子畏畏縮縮的，活像一個賊。」「聽他說話，吞吞吐吐的，簡直就是一個賊。」「我只要瞪著他久一點，他的臉色就會變，更是一個賊胚子的樣子。」「沒有錯，一定是他！尤其有一次他借了我的放大鏡在地上照火柴頭，他那一種愛不釋手的情形，假如不是我盯得緊，馬上要了回來，說不定那一次就被他摸走了。」

總之，在我這位朋友的眼中，曉文的一切動作，都活像一個賊。但是，沒有證據，也只好背地裡和我發發牢騷而已。

第二天，他換西裝褲子，無意間發現他的放大鏡竟在褲子的錶袋裡，他好高興地對我說：「我真是錯怪了他，你看，他走路都帶著謙遜和藹像；說話也慢條斯理的；即使盯著他看，他也是一臉小心恭順的模樣。總之，他的

一切動作態度，都是光明正大的。」

人實在很容易懷疑人、藐視人，人容易以外貌取人，以致如同經上所說：「若有一個人帶著金戒指，穿著華美衣服，進你們的會堂去；又有一個窮人穿著骯髒衣服也進去；你們就重看那穿華美衣服的人，說：『請坐在這好位上』；又對那窮人說：『你站在那裡』，或『坐在我腳凳下邊』。這豈不是你們偏心待人，用惡意斷定人嗎？」（雅二2-4）設身處地為別人著想，思想該如何待人，然後以「愛人如己」的心尊重人。切記！人如何尊重自己，也得如何尊重別人。

以「愛人如己」的心體諒人

面對一切的不如意及人的錯誤，常會有幾種不同的反應：（1）責罵；（2）攻擊；（3）破壞；（4）渲染。基督徒該先以愛人如己的心去體諒，凡事為人著想，必然會甘心忍耐、寬容。

有一天中午，大約不到一點，我忽然聽見好大的吵鬧聲音，從樓下跑出一位氣急敗壞的婦人，指著一位拉

著小推車的賣菜歐巴桑罵道：「我告訴妳，請妳把聲音放低一點，我的孩子正在睡覺！」「妳享受得不耐煩了？我不做買賣，怎能養家活口？」「我說妳的聲音得放低一點！」「我聲音不大，又有誰知道我？……」兩位婦女針鋒相對、互不退讓，幾乎大打出手，因為她們都各據一理。我覺得她們兩人之間，若肯互相同理與體貼，問題就解決了。

一個寒風淒雨的晚上，一位醫生家裡的電話鈴響了。打電話來的人說，他太太現在需要緊急的醫療照顧；醫生聽後，說他明白，但接著說：「我非常樂意去，可是車子進廠修理，你是否能開車來接我？」對方聽了，馬上忿忿不平地回答：「什麼！在這種天氣？」

人們太容易體諒自己的立場，而較少體諒別人的困難。如果懂得以愛人如己的心來體諒人，則一切的紛爭必然減少，甚至可以消失。

切記！基督徒如何體諒自己，也要學習如何體諒別人。

以「愛人如己」的心評斷人

對於一件事、一個人的不滿理當有所反應，基督徒不是鄉愿，而要是非分明、持守立場。合理的責備、建設性的責備是我們為人處事之基本原則。若一個人懂得以愛人如己的心去評斷人，則必然會為別人留餘地，口下留情，不講出尖酸苛薄的話；況且我們有時因著立場、觀念的不同，所批評的也不見得都是正確。

在《張老師月刊》中曾有這麼一個個案——當孩子從考場走出來，傷心地哭起來時，家長們都為他感到難過。當孩子說數學題目大多是以前沒做過的，家長都衝動地罵了起來：「豈有此理，參考書、模擬考沒有的題目，叫孩子怎麼做！」在另一邊，出題老師卻很高興聽到別人的評論：「今年的教學試題出得不錯，很能夠測出理解力。」試題出得很成功，不同立場有不同的見解，但是自私容易使人失去正確的立場。

以愛人如己的心面對一切不滿，必不致產生不良的後果。輔仁大學應用心理學系曾舉辦一場學生評估老師的調查，結果有的老師在學生的心目中，竟然是破唱

片、推銷員、半瓶水、撲克臉、作秀者、當舖老闆。所謂尊師重道，到了這種地步，真是嗚呼哀哉！

然而社會倡導此種風氣是否合宜，值得商榷；若以「假若我是老師，我願別人如何評估我」之心去評估老師，就不至於用如此侮慢、愚拙、無知的話來評估自己的老師了。

基督徒真要學會以「愛人如己」的心評斷人！

以「愛人如己」的心欣賞人

聖經教導我們「與憂者同憂，與樂者同樂」，我們常較容易同情弱者，也較容易與憂者同憂；但是對於那些成功的人，我們比較不會與人共享快樂，有時反倒會出現「酸葡萄」反應，甚而嫉妒人的成就。基督徒實在當學習欣賞別人的成就。

我的孩子以諾還小的時候，有一天興奮地跑進我的辦公室，歡悅地說：「爸爸，你猜我得到了什麼？乖寶寶（的牌子）！」他的興奮不亞於如同你若獲得了諾貝爾獎的心情。在別人看來，獲得「乖寶寶」的牌子又有

什麼？那麼值得興奮嗎？然而，我們可以用愛人如己的心佩服、欣賞他的成就嗎？我們能以「乖寶寶」為例，引申去欣賞別人的成就，分享別人的興奮嗎？

聖經上描寫大衛與掃羅的故事中，大衛被掃羅王召到宮中不久，由於做事精明，掃羅就立他作戰士長。大衛打死了那非利士人，為以色列民除害，婦女從以色列各城出來歡迎唱和說：「掃羅殺死千千，大衛殺死萬萬。」（撒上十八7）從這日起，掃羅就怒視大衛，多次想殺他（參撒上十八9-15）。掃羅有一次在隱基底曠野的山洞裡，大衛原有機會殺他，但是大衛只割下掃羅外袍的衣襟，而不容許隨從他的人加害於掃羅。當掃羅知道了他自己怎樣倖免於死，就對大衛說：「你比我公義；因為你以善待我，我卻以惡待你。……人若遇見仇敵，豈肯放他平安無事地去呢？願耶和華因你今日向我所行的，以善報你。」（撒上廿四17-19）

掃羅一生的失敗在於嫉妒大衛。如果他懂得欣賞、分享大衛的成就與快樂，他必然會更有成就、更加快樂。

以「愛人如己」的心欣賞別人的成就，是我們信仰生活中所該學會的功課。

一隊登山隊在假期作登山健行，他們之中有青年人也有老年人；青年人精力充沛，老年人經驗豐富，無論老幼都合作無間。他們走到陡峭的山前或者深谷的時候，總喜歡高喊幾聲，聽聽有沒有回聲，如果有回聲，就喊著同伴的名字，或者隨便說幾句話。山谷間的回聲，絲毫不差地跟著他們喊；無論他們用什麼語氣喊出，回聲也用什麼語氣回應。你和善，它也和善；你嚴厲，它也嚴厲；聲音越尖銳，回聲越清楚，而且震盪、深遠，非常好聽！

愛與恨都能產生回聲，所種的是什麼，必然收取什麼。基督信仰開啟我們的心胸，啟發我們的心智；常祈禱，親近神，必使我們更懂得自愛，也懂得愛人。

切記！基督徒是享有「愛人如己」之主權的人。珍惜它、享有它，讓它幫助你邁向成熟！

Notes

第 **6** 章

享用「信行合一」 的主權

我的弟兄們，若有人說自己有信心，卻沒有行為，有甚麼益處呢？這信心能救他嗎？

若是弟兄或是姊妹，赤身露體，又缺了日用的飲食；你們中間有人對他們說：「平平安安地去吧！願你們穿得暖，吃得飽」，卻不給他們身體所需用的，這有甚麼益處呢？

這樣，信心若沒有行為就是死的。必有人說：「你有信心，我有行為；你將你沒有行為的信心指給我看，我便藉著我的行為，將我的信心指給你看。」

你信神只有一位，你信的不錯；鬼魔也信，卻是戰驚。虛浮的人哪，你願意知道沒有行為的信心是死的嗎？

　　　　　　　　　　　　——雅二14-20

清朝末期，盜匪時常作亂且濫殺基督徒，終於引起了八國聯軍的圍攻，兵艦進攻大沽口炮台。那時有人報信說：「敵人的兵艦是鐵做的，我們的炮火根本產生不了作用。」掌管軍事的大臣聽見了那艘船是鐵製的無法抵擋，因而大感不滿，於是當場作一表演，以證明鐵製

的船隻絕不可能浮於水面。他命令傭人去取一盆水，把自己桌上的銅墨盒丟進水裡，結果立刻沉下去了。於是軍事大臣就說：「你們看，銅墨盒尚且不能浮於水面，鐵製的大船怎能行在水上呢？」

讀了這則歷史故事，我們為軍事大臣肯求證而佩服，然而也為他無知的結論而感到臉紅——這真是一個典型的「聰明的愚拙者」。

同理，相信一位肉眼不可見的上帝，豈是人的智慧、試驗所能反駁的？相信上帝，正如這位軍事大臣要相信鐵製的船可以行走海面般地困難；然而，上帝的存在、上帝的慈愛及上帝的公義與眷顧，卻是無可置疑的事實。

信仰的價值不在於增加宗教知識，達到頭腦體操的功能；更重要的的是，要能影響一個人的思想、觀念、行為，使他成為能行道的人，並有新的人生觀。

聖經昭示「信者得救」的道理，然而不禁要問：究竟是怎樣的「信」，才能使人得救？聖經中的答案，乃是有行為的相信才能使人得救——即信行合一。

信是得救的門路，行是得救的現狀，信與行該合而為一；沒有信心的行為是假冒為善，沒有行為的信心是自欺欺人。有信心、有行為，才稱得上是健康的、成熟的信仰。

有信心沒有行為——不信

光有信心沒有行為，這是不起作用的信心。

如果我們現在正在聚會，有人跑進我們聚會的地方，大聲喊著說：「禮拜堂後面著火了！」如果我真的相信禮拜堂後面著火了，就會立刻跑去；可是如果你聽了卻毫無動靜，還是安然地坐著，這就證明你不相信那個人所說的話。因為真正的相信不只是「聽見」、「知道」、「明白」；信心必須以行為來回應。

知道信心的道理不一定就證明有信心，你可以會背耶穌的話：「你們看那天上的飛鳥，也不種，也不收，也不積蓄在倉裡，你們的天父尚且養活牠。你們不比飛鳥貴重得多嗎？」（太六26）「不要為明天憂慮，因為明天自有明天的憂慮；一天的難處一天當就夠了。」

（太六34）但這是知識的瞭解；如果遇見困難即刻憂煩、不知所措，甚而自暴自棄、怨天尤人，這仍不是真信心。

有一則關於宗教改革家馬丁路德極為感人的故事。他在一次極愁苦的時候，他的妻子穿著一身孝衣，從外面走進來。馬丁路德問道：「妳給甚麼人戴孝？」他妻子答道：「基督死了！」馬丁路德很鄭重地說：「基督哪能死呢！」他妻子反問：「那麼，你為甚麼愁苦呢？」馬丁路德大受感動，因而喊道：「對！基督是活的，那我還怕甚麼？還有甚麼可愁苦的！」若化宗教知識為信仰經驗，這就是有行為的信心、有價值的信心。

有人說，憂慮是「現代人的病」。我們到處可以看到憂傷的臉孔，神經衰弱、意志消沉的人。有一位知名的醫生說：「憂慮會使人產生懼怕、膽怯的心理，是健康的大敵。」又有人說：「工作不能殺死人，但憂慮能使人喪命。」

有一個故事說，有一天鬼王差遣小鬼到某城裡去播撒瘟菌，要他殺死二千人口，結果死的卻有四千。鬼王便詢問小鬼，沒想到小鬼回答：「大王！我絕對是遵命

而行的！我所殺死的只有二千人，不多也不少。」「那麼，還有二千人呢？」「是因懼怕而死的！那些人疑神疑鬼，是自己嚇死的。」同理，若相信耶穌卻仍然活在憂慮中，不是真正的相信。

信心也不是逃避責任的藉口，真信心並不表示放棄人應盡的本分，甚至不可用信心代替善行──「我的弟兄們，若有人說自己有信心，卻沒有行為，有甚麼益處呢？這信心能救他嗎？若是弟兄或是姊妹，赤身露體，又缺了日用的飲食；你們中間有人對他們說：『平平安安地去吧！願你們穿得暖，吃得飽』，卻不給他們身體所需用的，這有甚麼益處呢？這樣，信心若沒有行為就是死的。」（雅二14-17）基督徒對於禱告該有信心，但也不該放棄人應該盡的本分；不盡本分，是懶惰、是逃避責任。信心，簡單來說，便是「盡人事，聽天命」。

《伊索寓言》中，有這麼一則「天助自助者」的故事。

話說，有一個人開著車子路過鄉村小徑，稍一不小心，車輪便整個陷入泥沼中，動彈不得。他徬徨失措，於是從車上跳下來，敬虔地雙膝跪在車前，向大

力神禱告：「大力神啊，我現在車子陷入了泥沼，動彈不得，求你施行神蹟，使輪子脫離泥沼，恢復我的自由⋯⋯。」

禱告還沒有結束，大力神便出現，嚴厲地責備他說：「無知的懶人啊！你不是有一副肩膀嗎？你為甚麼不把你的肩頭放在車前的橫木下，用盡你的氣力把車子扛起來呢？你若不先盡你所能的去行，不要向我禱告！我絕不會向一個不盡本分（有信心沒有行為）的人施行神蹟，你的禱告必要完全落空。」這寓言給了我們多麼大的提醒！

因此，基督徒該用行為來見證信心。

有行為沒有信心──假信

有行為，難道會沒有信心嗎？當然會。陳終道牧師曾說道：「行為是一種外在的表現，人只能看到外表而看不到內心。這樣，有外表的，不一定有心。外表斯文的，不一定內心斯文；內心像禽獸的人，外表還是可以像聖人；內心像魔鬼的人，外表也可以像天使。單憑外

表的好行為，就斷定這個人的內心也好，這樣的判斷是很危險的，因為有好些行為，並不是發自內心。」

姜太公在所謂《六韜》的相法中，認為有十五種情況，「外貌不與中情相應」，意思是說，從外表根本看不出其內心。那麼，是哪十五種呢？他說：

> 有賢而不肖者；有溫良而為盜者；有貌恭敬而心慢者；有外廉謹而內無恭敬者；有精精而無情者；有湛湛而無誠者；有好謀而無決者；有如果敢而不能者；有悾悾而不信者；有恍恍惚惚而反忠實者；有詭激而有功效者；有外勇而內怯者；有肅肅而反易人者；有嗃嗃而反靜愨者；有勢虛形劣而出外無所不至，無使不遂者。天下所賤，聖人所貴；凡人不知，非有大明不見其際，此士之外貌不與中情相應者。

以外貌判斷人的行為，經常會發生錯誤。沒有信心的行為，必然是短暫的；甚至假冒為善者，尤其是許多宗教「行為」，可以藉由學習而來，卻不是出於信的真

行為，這必定經不起考驗。一個人可以學會講一些屬靈的話語，習得一些基督教習慣和公式化的禱告等，但在他裡面沒有信靠上帝的心，這種行為就不是「信心的行為」。

多年前曾報導過在台灣中部盛行以「電動尼姑」誦經的趣事，其廣告標榜：「費用比真尼姑便宜（廿四小時才一千元），而且絕不會偷工減料（因為用錄音帶播放）。」如果我們滿口屬靈話語，但內心不遵行，那麼與機器人唸經又有什麼不同？

只學到宗教禮儀、習慣之虛有其表的知識，絕不能造就自己，因這不是真信心，經不起考驗與挫折，極容易消沉、敗壞。

有一位鑽石商說：「分別真偽鑽石，最靠得住的方法，莫過於利用『水』試。真的鑽石放在水裡，不減美麗，仍然發光；假的鑽石一到水裡，光豔全失，如同常石；若將真偽鑽石同時放進水裡，更是容易分辨，就是一個極無經驗的人也看得出。」同理，假的信心經不起環境的試驗，真的信心卻越試驗越顯明。

徒守宗教外表，而無內心歸依，這種信心是虛假的。

我童年時，在一場崇拜中聽過一位牧師所講述的故事，至今仍難以忘懷。故事提到有一位農人生病了，到廟裡去拜菩薩祈願，並承諾菩薩在他病癒後，要獻上一條牛。

後來他的病果然好了，但心中甚覺惋惜，深悔當時許錯了願——一條牛的價值太高了，他怎麼捨得呢！但又不敢不還願，怕菩薩會降災給他。想來想去，他終於想出了一個妙法。他把牛牽到市場去賣，同時還帶著一隻雞。「你的雞要賣多少錢？」「一千元！」「你真是發神經病！哪有一隻雞值一千元之理！」「你聽著，我的雞是和牛一起賣的，雞雖然要一千元，但牛只要十元就行。你不能單買雞或牛，要買，就要一起買。」

買者聽了他的「妙價」，心裡覺得莫名其妙，但仔細算一算，雞和牛的價錢合起來仍算便宜的，所以便把牠們買下來。付了一千零十元價款。這農人把十元拿到廟裡獻給菩薩，他說：「菩薩啊！我把賣牛的錢，全部獻給你了！」

　　人類詭計多端，欺騙偶像、假神；然而我們豈可以作一個徒具形式、假冒為善的基督徒來面對上帝？——「到禮拜堂像一隻羊，回到家中像隻狼」；若以為上帝是可欺騙的，那真是大錯特錯。信仰不是外在宗教禮儀的遵守，乃是內在心靈的更新！

有信心有行為——虔信

　　雅各說：「必有人說：『你有信心，我有行為；你將你沒有行為的信心指給我看，我便藉著我的行為，將我的信心指給你看。』」（雅二18）

　　農夫種田，種麥收麥，是信心；終年終日，勞碌辛苦，汗流浹背，是行為。病人自知病重，或登門就醫，或請醫生來家診治，是信心；而服用醫生所給的藥物，接受醫生開刀手術等，是行為。古人說：「若要功夫深，鐵杵磨成針。」鐵杵能成針，是信心；今天磨，明天磨，直磨到成針而後已，是行為。有行為的信心才能有收成，有行為的信心才能得醫治，有行為的信心才能得救，這是必然的道理。有信心必要有行為，有行為也應該有信心，有信心而沒有行為，就如同遁形遠世出家

的教徒；有行為而沒有信心，好似無根之草、離樹之花，虛有其表，暫而不久。這樣的人，就如當年主耶穌所斥責的法利賽人和文士。

這也就如使徒雅各所說的：「信心若沒有行為就是死的。……我便藉著我的行為，將我的信心指給你看。」（雅二17-18）因此，信心與行為不僅自己可以試驗，別人也會知道。

相傳所羅門作王的時候，國勢鼎盛，遠方各國都來朝貢。某國特派專使獻花兩盆，一盆為天然，一盆為人工所造，兩盆都是一樣地國色天香。為要誇示他本國技藝的精巧，並要窺探上國帝王的才識，所以請所羅門王鑑賞識別。王毫不猶疑地說：「請把兩盆花放到花園中去，等我和貴使臣一同去鑑賞。」花園中百花爭豔，極其芬芳，蜂蝶穿插其間，春光絢爛。不一會兒，所羅門便笑著對使臣說出哪一盆是真花，哪一盆是人造的。原來天然的花有蜜，蜂蝶都棄假趨真。使臣聽了，大大驚服所羅門的智慧。

我們的信心好比花朵，雖然一時真偽難辨，卻可實地實驗。真信心和真花一樣，是有生命的，開時花香滿

溢，能對周圍發散香氣，能吸引人，最後還能結果子。雖然各種花所結的果子大小各異，但不會白占地土。有行為的信心，亦能如花般吸引人。

如何相信，就如何生活；信仰是我們生活的嚮導，信仰是我們生活的公式，這種在信仰中的生活，必然會產生極大的奇蹟與大能。最大的奇蹟，莫過於一個人個性的更新與成熟；惟有這種信心，才能產生大能。

蔣夫人曾說：「在我自己的人生中，信心主要的作用，是點燃任何偉大事業的火焰。信心在失望之森林中，照亮了道路，並且給予我們繼續前進的勇敢、力量和豪氣，在情況好似無望之時，仍然毫無所懼、絕不屈服。信心是強大的力量，足以抵禦失敗。」基督徒該具有偉大的信心，才能創造偉大的心境；心胸寬度量大，才能創造成功的環境及克服困難的毅力。有信心，必能產生大能。

一艘海軍艦艇迷失了路線，很多天看不到別的船，也看不見海岸；然而，艦長仍然毫不畏縮，日夜行駛。一天早晨，他看見他的軍艦恰巧朝著要去的碼頭前進。他是怎麼找到正確方向的？因為他相信他的指南針和望

遠鏡。不管看不看得見陸地，他只正確地依照指南針行駛，一點都不改變。我們在靈程上也當如此——不憑眼見，只憑內心聖靈的引導和神的話語。真實的信心必定包含順服；信而順服，必定產生最大的能力與成就。

一個有信心的人，是充滿喜樂、邁向成熟的人。

切記！基督徒是有享用「信行合一」之主權的人。珍惜它、享有它，讓它幫助你邁向成熟！

Notes

第 **7** 章

享用「征服誘惑」 的主權

故此，你們要順服神。務要抵擋魔鬼，魔鬼就必離開你們逃跑了。

你們親近神，神就必親近你們。有罪的人哪，要潔淨你們的手！心懷二意的人哪，要清潔你們的心！

——雅四7-8

娛樂界曾有一首閩南語歌曲，曲名為〈心事誰人知〉，不論是電視、收音機、大街小巷都有人在哼唱。這首歌能夠這麼受歡迎，不只是因為它的曲調，更重要的或許是它的歌詞。這首歌主要意思是說：「我落入江湖，是不得已，是被環境所逼；親愛的，如果你愛我，你就要忍耐……。」為什麼一首充滿了濃厚江湖氣息的歌曲，竟然引起廣大群眾的共鳴？這值得我們深思。

這是一個物質文明進步極為快速的時代，在這變化萬千、競爭激烈的社會之中，在食衣住行等物質極度享受的環境裡，因趕不上潮流，又未能把持自己，有些人鋌而走險，卻將不肯克制自己無盡欲望的心所引起的一

切錯誤，歸咎於環境與社會——「如果有錯，實在是不得已，是環境所迫！」

曾經轟動歌壇的一位紅星在南部歌廳演唱散場後，被人開槍射傷腿後部，各新聞媒體均大幅報導，其中有份晚報刊載：「歌星×××，在高雄演唱散場時，被人開槍射中腿部後，前些日子依然帶傷遠赴新加坡登台表演，除大吐苦水外，更將這次事件歸咎於台灣的治安不好，直把台灣治安良好的美譽一筆勾銷。」這位紅星的槍傷真是由於治安不好所致嗎？該晚報又描述說：「其實大眾明白得很，他本人行為不檢、奇裝異服，與黑社會有扯不清的恩恩怨怨，這些都是招來凶殺的原因。至於前幾年高雄的斧頭事件，也有人說那是他自導自演的苦肉計，真實內幕如何，也只有他本人才知道。」

還記得當他被槍射傷腿部後，在接受記者訪問時曾大吐苦水，並且還套用了一句古龍小說的名言：「人在江湖，身不由己。」將自己所當負的責任，推得一乾二淨，所有不幸事件的發生都是無可奈何的，不能怪他有什麼過失。「身不由己」一詞，成為一些人在闖了禍之後，用來保護自己、推卸責任、毫不反省的藉口。所謂

「千錯萬錯，不是我的錯，都是環境所迫」，就這麼輕易地原諒自己。

可悲的是，一般大眾，尤其是一些不明就理的朋友們，竟然對這種觀點有認同的心態，所謂「大家都是被環境所逼」，輕易地原諒自己、原諒社會所產生的不正常現象。這種心態，是否也正在基督徒的心裡蕩漾呢？

這是一個充滿試探誘惑的環境，但我們應該影響環境，而不是反被環境所影響。

有抵擋誘惑、不甘墮落的意願

聖經教導我們如何在這個世代成為基督徒——「故此，你們要順服神。務要抵擋魔鬼，魔鬼就必離開你們逃跑了。你們親近神，神就必親近你們。有罪的人哪，要潔淨你們的手！心懷二意的人哪，要清潔你們的心！」（雅四7-8）我們有責任「抵擋」魔鬼，勝過一切的誘惑。所謂「抵擋」，就是對困難有力爭上游、不肯妥協、不怕失敗的毅力與決心。

　　難道每個人都是「人在江湖，身不由己」嗎？一個有信仰的人也會有如此的無力感嗎？究竟是不能，還是不肯付代價、不肯犧牲、貪圖享受呢？保羅曾說：「我靠著那加給我力量的，凡事都能做。」（腓四13）我深信這其中也含有有所為與有所不為之向善棄惡的能力。

　　一部汽車的功能與價值，不只在於有馬力、引擎，更重要的是要有敏銳的煞車器，否則必會肇禍。人生，不正是如此？自古以來多少人的失敗，不就是不懂得自我控制所引起的嗎？「一失足成千古恨，再回頭已百年身」，可見自我控制的重要性。曾經有人說：「如果沒有魔鬼的引誘，人類就不會犯罪，因此讓人類承擔罪的後果是不公平的。如果沒有魔鬼就沒有罪了，人人就都能成聖了。」乍聽之下頗能令人贊同，其實卻是極大的錯誤。

　　有一位在印度傳福音的宣教士多馬（John Thomas），某日當他正在恆河邊講道時，有一位當地的宗教領袖上前打斷他的話，以挑戰性的口吻說：「先生，你是否說魔鬼是引誘人犯罪的呢？」多馬先生回答說：「是的。」那位印度教徒又說：「那麼這就是魔鬼

的錯了，受罰的應當是魔鬼，不是人！」四周的人們對他們領袖的問話，均流露出欽佩的神情。

多馬默默地禱告上帝，求主給他合宜的答案。此時他抬頭一看，一條船正順流而下，船上坐著幾個人，忽然主把當講的話放在他心中。他轉向圍著他的人群說：「朋友們！你們看見那條船了嗎？假使我教唆幾個朋友去殺掉船上的人，把他們的財物全部搶奪過來，你們認為誰當受罰呢？是我犯了主使的罪，或是他們犯了殺人劫財的罪呢？」「他們全都該死！」群眾不假思索地回答。「那就對了，」多馬先生說道：「你們若順從魔鬼去犯罪，也必和牠一同受刑。」那些反對的人因而啞口無言。

魔鬼只能引誘我們犯罪、離棄信仰，或使我們生活墮落，這是事實；然而，牠只能迷惑人，而「惑」與「不惑」，乃在乎人的抉擇。誘惑雖然能影響人的行為，但卻不能決定人的行為，人要對自己的行為負責。聖經上也勸勉人：「惡人若引誘你，你不可隨從。」（箴一10）魔鬼只能引誘人犯罪，但人犯罪卻不是出自魔鬼；失敗，只是證明自己本身有犯罪的傾向，經不起

誘惑、經不起考驗罷了。古人說：「疾風知勁草，亂世見忠貞。」即是明證。

我們不能抹煞環境對一個人具有莫大的影響力。人往往在不知不覺中誤入歧途，但我們更該警醒，隨時提醒自己有不願與不甘「墮落」的意願。

有順服真理、擇善固執的決心

雅各提出了「由得己」而不墮落的動力——順服上帝、順服真理。

孩童內心行為抉擇的最高權威是「老師說」，甚至老師的權威超越了父母的命令。在我們的信仰生活中，若有上帝的話隨時提醒自己——「上帝說」，而順服之，我們才能「抵擋」一切誘惑（耶穌三次受試探，不正是運用「經上記著說」，而得勝不失敗嗎？）

當一個人面對抉擇時，有三種不同的抉擇原則，一種是：我想怎麼做，就怎麼做；第二是：為環境所逼，順應環境；第三種是：上帝要我怎麼做。前兩者是無抗拒力的抉擇，後者則包含了「擇善固執」的毅力。

聖經特別提醒我們：「你要專心仰賴耶和華，不可倚靠自己的聰明，在你一切所行的事上都要認定他，他必指引你的路。」（箴言三5-6）一個人懂得敬畏上帝，就必然會遠離惡事。

曾有一齣連續劇，該劇中描述一對鬧意見的夫妻因家庭不和，而在客廳中掛上了「基督是我家之主」的匾額，卻自其中悟出了「並非我是主而聽我的，也絕非你是主而聽你的，而是以基督為主而聽祂的」這個道理，最後家庭因而和睦融洽了。

基督徒的行為抉擇是以榮耀上帝作為基礎，因有些事對自己或對別人均有利，但不一定合乎真理的益處；若抉擇合乎真理，對人對己必然有所助益！

一個心中有神的人，比較能勝過「誘惑」。華人常以「舉頭三尺有神明」、「天知、地知、你知、我知」、「順天者存，逆天者亡」等作為一切倫理道德的基礎，就是明證。信仰能給人正確的辨別力——明辨是非，更可貴的是不但在於知道多少，更是實踐多少。西方有一句名言如此說：「那些學會了智慧規條而不灌注於生活的人，正像一個人在田裡耕耘卻不播種一樣。」

就如雅各所說：「聽道而不行道的，就像人對著鏡子看自己本來的面目，看見，走後，隨即忘了他的相貌如何。惟有詳細察看那全備、使人自由之律法的，並且時常如此，這人既不是聽了就忘，乃是實在行出來，就在他所行的事上必然得福。」（雅一23-25）

相信每個人都極為關心校園暴力事件及大專生蹺課現象的問題。以基督徒學生而言，是否也會在不知不覺間以「人在江湖，身不由己」之言，而原諒自己蹺課、考試作弊、貪玩的行為呢？是否以「別人也這樣做」為由，而逃離歸正的責任呢？——別忘了，我們有抵擋誘惑的責任。

社會大眾也極關心貪污事件。若你是基督徒公務人員，也遇到了可以貪污的機會，是否會以「人在江湖，身不由己」，而一失足成千古恨呢？從前一位人事行政局發言人將公務員的廉貪心態分為六種：一為廉潔自持不屑貪，二為愛國情切不忍貪，三為自惜羽毛不敢貪，四為奉公守法不必貪，五為隨波逐流遇機貪，六為膽大妄為隨時貪。你是屬於哪一類型的人呢？——別忘了，我們有抵擋魔鬼誘惑的責任。

　　媒體報章不斷報導不法商人貪利的事件。某一期的《天下雜誌》刊載指出，這些不名譽事件在國際間曾掀起軒然大波，其中更提到觀光客可以在中山北路的書店、林森北路的鐘錶店、光華商場的個人電腦店，購買到售價僅原價十分之一的盜版書、勞力士錶等，坊間贗品充斥；又有些不法商人進口飼料奶粉充當人類的食用奶粉，售與糕餅業、冰淇淋店舖，引起了立委質詢及消基會的關注。若你是基督徒商人，是否會以「人在江湖，身不由己」為由，而隨波逐流呢？

　　詩篇以「不從……不站……不坐」之「三不主義」（參詩一1）），勾勒出上帝子民的形態；保羅則以「攻克己身，叫身服我」（林前九27），為上帝兒女應努力的方向。我們有順服上帝，不願墮落的決心嗎？

　　馬丁路德說：「學習說『不』，比學拉丁文更為重要。」我們應該具有順服上帝話語、向誘惑說「不」之斷然拒絕的勇氣。

有親近上帝、持之以恆的行動

雅各說：「你們親近神，神就必親近你們。有罪的人哪，要潔淨你們的手！心懷二意的人哪，要清潔你們的心！」（雅四8）一個人除非能天天親近上帝，否則無法抵擋魔鬼；因為唯有親近上帝，才能獲得天父的恩助。我們無法成為一個不禱告、不讀經，而能剛強、勇敢得勝的基督徒。

一般而言，人有兩種道德心，一種是動物性的道德心，人的善惡觀念在其受罰與否——行惡受罰，行善得賞；另一種則是靈性的道德心，這種道德心的依據在於人與天父之間的關係。人們應當避免一切可能破壞這種關係，或摧毀靈性上內在平安的思想、言語或行為。現代人常被動物性的道德所支配，怕受制裁、怕坐牢、怕受懲罰；但真正能使我們勝過誘惑，過喜樂生活的因素，乃是我們親近上帝、愛上帝，甘心遵守上帝的真道。

你每天接近什麼，就不知不覺受其影響。「與智慧人同行的，必得智慧」（箴十三20），「近朱者赤，近

墨則黑」；那麼，親近聖潔的上帝，又會受到什麼影響呢？

根據加拿大一位專家考證，使羅馬帝國崩潰的是鉛毒。報導說，根據加拿大國立水質研究協會人員傑洛姆・努利亞格的研究，羅馬帝國歷代皇帝都嗜酒如命。而當時酒壺用的是鉛壺，盛裝菜餚用的是鉛盤，連水管也是鉛質。因此，羅馬皇帝每天鉛的攝取量，比現代人多了七倍。努利亞格指出，主宰羅馬帝國的歷代皇帝均患有痛風、失眠及精神異常等症狀，而那些症狀，都是慢性鉛中毒所造成的。因此努利亞格認為，使羅馬帝國崩潰的是慢性鉛中毒。

使用鉛具會慢性中毒，影響摧毀身心；如果我們不親近上帝，豈不也會逐漸親近魔鬼，而受其影響嗎？

要如何親近上帝呢？不可停止聚會，不忽視禱告靈修生活，不忽視對他人的幫助（因做在一個小子身上，就是做在耶穌的身上；幫助人，就是親近神）——就這麼簡單。或許你有許多難處，不論是事業或學業，均使你感到分身乏術；每天忙不完的事，使你無法撥出時間親近主，支取能力。但即使如此，你會以「人在江湖，

身不由己」的理由，忽略親近上帝嗎？不要被時間羈絆，「由不得己」以致無法聚會、靈修、服事。要抵擋魔鬼，就要有親近上帝、持之以恆的行動。

「人在江湖，身不由己」，是人犯罪失敗的藉口，是一種自我原諒、自甘墮落不負責任的行為。保羅雖然有「立志為善由得我，只是行出來由不得我」的苦衷，但是他也能有「攻克己身，叫身服我」的毅力，以至於他能說：「我靠著那加給我力量的，凡事都能做。」

面對這充滿誘惑的世代，應當時常鼓勵自己：

1.有抵擋誘惑、不甘墮落的意願。
2.有順服真理、擇善固執的決心。
3.有親近上帝、持之以恆的行動。

讓我們用成聖的意願、決心與行動，以回應來自上帝的信息！

切記！基督徒是享有「征服誘惑」之主權的人。珍惜它、享有它，讓它幫助你邁向成熟！

第 8 章

享用「上帝同在」的主權

> 你們親近上帝，上帝就必親近你們。有罪
> 的人哪，要潔淨你們的手！心懷二意的人哪，
> 要清潔你們的心！
>
> ——雅四8

諾貝爾文學獎得主，流浪異地的蘇聯作家索忍尼辛（Aleksandr Solzhenitsyn，1918-2008），於1983年在白金漢宮自菲利普親王手中，領取了當年的鄧普敦獎（Templeton Prize）——在宗教界相當於諾貝爾和平獎，其獎金高達七十萬五千美元。

他隨即接著在倫敦市政府發表演講，公開抨擊東西宗教的式微，並且指出二十世紀的首要災禍，是人類已忘記了上帝，因而良知敗落。他一針見血簡潔有力地道出今日社會道德墮落、信徒世俗化冷淡的病源。「忘記上帝」不是不相信上帝的存在，而是沒有讓上帝在我們一切行為的抉擇中居當得的地位，也沒有充分享受上帝同在的主權。聖經上說：「你們親近上帝，上帝就必親近你們。」一個有信仰的人，能從每天的經驗中，見證自己有上帝的同在！這就是信仰肯定性的價值。

良善的根源

　　一個有上帝同在的人會警惕自己的行為。知道並確信上帝的同在，必成為信徒一切行為良善的根源；因為知道上帝是一位無所不在、無所不知的神，所以懂得謹慎自己的行為，使自己逐漸成熟、完美。正如大衛的祈禱：「上帝啊，求你鑒察我，知道我的心思，試煉我，知道我的意念，看在我裡面有甚麼惡行沒有，引導我走永生的道路。」（詩一三九23-24）一個天天記念上帝的人，必然懂得為自己的行為負責，就如聖經上的提醒，人人皆可以「行你心所願行的，看你眼所愛看的」，但是要小心下文「卻要知道，為這一切的事，上帝必審問你」（傳十一9）。知道且確信上帝的同在，可以幫助你過負責任的人生。

　　聖經說：「不要自欺，上帝是輕慢不得的。人種的是甚麼，收的也是甚麼。」（加六7）不敢欺騙自己的良心也不敢輕慢上帝，成為倫理道德的基礎，成為良善的根源。一個知道有上帝的人，對於父母必然孝順，對於兄弟必然友愛，對於工作必然忠心盡責，不斷地成長。誠如大衛所說：「他使我的靈魂甦醒，為自己的名引導

我走義路。」（詩廿三3）在一切抉擇中，務必切記跟隨祂的引導，你必然知道該如何走義路。

希望之源

知道上帝的人，必能鼓勵自己有生之勇氣。「上帝豈有難成的事」的認知，使我們充滿信心、希望，因而有毅力去面對並征服一切的挫折與困難。上帝既然是創造者，是使無變成有的主宰，相信、倚靠祂，必能突破自己艱難的處境。

曾有一則新聞報導，一位正在美國修讀博士學位、返台休養的廿七歲男子，因受不了功課和精神的壓力，竟從住家四樓跳樓自殺身亡。報導說，他是國內某大學大氣科學系畢業，曾任母校理學院助教，為了取得博士學位而赴美苦讀，結果得了憂鬱症，不得不返台休養。也許前思後想，認為這一輩子可能當不了博士了，因而灰心喪志，跳樓自殺一死了之。如果他是有信仰的人，我深信必不致自殺，因為雖是「山窮水盡疑無路」，但那只是「疑」，而並非真無路。

信心，必能幫助一個人征服「疑」，而獲得「柳暗花明又一村」的經驗；一個深知有上帝同在的人，必然會以祈禱去尋找、開創新的途徑，因為聖經已應許：「你們祈求，就給你們；尋找，就尋見；叩門，就給你們開門。因為凡祈求的，就得著；尋找的，就尋見；叩門的，就給他開門。」（太七7-8）「你們這小信的人哪！野地裡的草今天還在，明天就丟在爐裡，上帝還給它這樣的妝飾，何況你們呢！所以，不要憂慮說，吃甚麼？喝甚麼？穿甚麼？」（太六30-31）因此，在你感到希望破滅時，不可忘記上帝，上帝必然成為你的力量；我們親近上帝，上帝必然會親近我們，你必定能經歷且肯定信心的大能，並在失望中產生新的希望。

愛德之源

天天記得自己是有上帝同在的人，就必然被上帝所改變，也懂得去愛別人，因為上帝就是愛，祂是一切愛的根源。同時，你也會明白並努力去實踐更深愛的真理——「要愛你們的仇敵，為那逼迫你們的禱告。這樣就可以作你們天父的兒子；因為他叫日頭照好人，也照

歹人；降雨給義人，也給不義的人。你們若單愛那愛你們的人，有甚麼賞賜呢？就是稅吏不也是這樣行嗎？你們若單請你弟兄的安，比人有甚麼長處呢？就是外邦人不也是這樣行嗎？所以，你們要完全，像你們的天父完全一樣。」（太五44-48）

你也會更懂得「行善不可喪志」，因為上帝賜下力量，就必因著「赦免我們的罪，因為我們也赦免凡虧欠我們的人」（路十一4）的祈禱，而提醒自己學會去寬恕別人。因此，一個知道自己「有上帝同在」的人，不但不會被「恨」、「怒氣」所羈絆，反而能從上帝的愛中得著釋放，生活中必然洋溢著上帝的愛，且更能分享「上帝式」愛的大能！

當心中充滿憤怒、不平、怨氣時，不可忘記你是一位有上帝同在的人，祂必然加添你力量，你不但不會被憤怒所征服，而且能以上帝的愛來愛所接觸的人；不但能為仇敵禱告，而且能為逼迫你的人祝福。一個心中有上帝的人，必然活在愛中；一個活在愛中的人，必然有喜樂。我們不但要相信上帝，而且要懂得如何享受上帝給予的特權。

　　我有一次出了一場小車禍，與別人相撞，雖然我的車保了險，可惜當時並不「知道」保險的功能，因而失去了申請理賠的權利，花了一大筆錢修理車子。如果我不但參加保險且去研究瞭解保險的功能，必然可即刻享有申請理賠的權利。有保險卻不知享用，不正是我們今日信仰的寫照嗎？相信上帝而不知享用上帝所給予的權利，不知讓上帝來改變我們的心境、環境、個性，這不是極大的無知嗎？信徒要相信上帝的存在，且要努力追求認識上帝奇妙的作為、知道上帝的大能，則信仰不再是一種客觀的知識，也必然成為生活中的動力。

　　你親近上帝，上帝必然親近你。

　　切記！基督徒是可以享受「上帝同在」之主權的人。珍惜它、享有它，讓它幫助你邁向更完全！

第 **9** 章

享用「不必犯罪」的主權

　　弟兄們，你們不可彼此批評。人若批評弟兄，論斷弟兄，就是批評律法，論斷律法。你若論斷律法，就不是遵行律法，乃是判斷人的。

——雅四11

　　你們定了義人的罪，把他殺害，他也不抵擋你們。

——雅五6

　　「認識自己」是一切倫理道德的基礎，也是接受信仰，過成熟信仰生活之起點。然而，一個人要真正認識自己、瞭解自己，進而更新自己，是一件多麼不容易的事。清朝順治皇帝曾寫了一首〈出家詩〉，便充分描述了對自己的迷惘：

　　　　來時糊塗去時迷，空在人間走一回，
　　　　未曾生我誰是我？生我之時我是誰？
　　　　長大成人方是我，合眼矇矓又是誰？
　　　　不如無來亦無去，來時歡喜去時悲。

其實，何止要瞭解「我」從哪裡來、「我」往哪裡去、「我」為什麼活著是一件難事；就連「我」在哪裡，都是一件難懂的事。除非人懂得認識那無形的我，否則人生必然膚淺幼稚。

有一篇討論靈魂的短文，啟發人去認識那看不見的自我；唯有認識自我，人才能找到真正更新自己的途徑——

　　你舉起自己的手向著自己，然後問自己說：「究竟（我）是在我心胸這一邊，還是在那一邊？」你會十分清楚知道你的「我」是在你心胸的哪一邊，絕不會是在手的那一邊。因為如果汽車失事撞斷了你的手，你會感到那一隻手已經無用可以丟棄了，但你一點也不覺得你的「我」缺少了一部分。因為那一隻手並不代表你，它只是「你的手」。

　　同樣的，你會清楚知道你的腳也不能代表你，那只是「你的腳」，而真的你似乎是指你的心胸而言。如此類推，你身體的每一部分都不是你的「你」，只是你的肢體。或問，心臟

就是真我了嗎？從前有不少人如此猜想，及至南非出現「換心人」之後，這個謎就破了。換了心臟之後，那人的「真我」還是沒有改變。

除非你能瞭解「有形之我非真我，無形之我乃真我」，否則就很難脫離物質的羈絆而有所超越。人若想改變外在的行為，必須先改變內在的意念——不斷地反省、掙扎，並在蛻變中更新成長。

人除非發現自己的「不完全」，否則絕不會去追求更完美的生活。然而，人為什麼不能發現自己的不完全呢？人反省的依據又是什麼呢？有一個小孩子對他母親說，他已經有十呎高了，媽媽問他是用什麼尺量的，他拿出自製的一把小尺說：「哪！你量量看，沒錯吧！」很多人豈不也是如此？用自製的尺，自以為義地衡量別人，但那衡量的尺寸，其長短合乎標準了嗎？

有人大膽肯定地說：「我不是罪人！」我深信這並不是故意說謊，卻反映出如幼孩般的幼稚、無知，因為他不懂得用真理來衡量自己，所以才會自我陶醉。聖經提出人常犯的三種罪，用以警惕信徒，並勉勵信

徒作完全人：（一）知道行善而不去行；（二）以自我為中心，不愛上帝也不愛人；（三）自以為是地批評論斷人。

（一）知道行善而不去行（雅四17，五6）

經上說：「人若知道行善，卻不去行，這就是他的罪了。」（雅四17）一般人常以為自己不貪污、不揩油、不做壞事，所以是好人；甚至說：「如果我是罪人，那麼早已經被關入監獄了！」如果有一個學生說：「我從不遲到、不早退、不罵人、不打人……，所以我是好學生！」聽到這種回答，你會作何感想呢？

好學生不該只是不做壞事，好學生更應該是品學兼優、身體健康才對。消極的條件固然重要，積極的條件更不可忽視。聖經指出罪的型態有二，一是射不中鵠，就是「不及」，達不到標準；二是車子行出軌道，就是「過」，超出了範圍。但約翰告訴我們禱告蒙應允的條件，一是遵行上帝的命令，二是行祂所喜悅的事（參約壹三22）。不做壞事，但更要做主所喜悅的好事。例如有的人會問：可以喝酒、打牌嗎？其實不該問可不可以，而是要問：這麼做，上帝喜不喜悅？

　　有時候，我們很像聖經中所描述那領取一千元的僕人，最終被責備為又惡又懶的僕人。或許我們都未曾做過壞事，不偷、不搶——但卻懶。懶就是罪——懶於行善、懶於追求真道、懶於禱告、懶於……，基督徒該除去這種「懶」的罪，才能更新成長。

　　在好撒馬利亞人的故事中有四個角色，分別代表四種不同的生活型態：

　　（1）**強盜的人生觀**——我的是我的，你的也是我的（所以又強又盜）。

　　（2）**祭司的人生觀**——我的是我的，你的是你的（我不占你便宜，你也別想占我便宜，安分守己卻不行善的人生）。

　　（3）**店主的人生觀**——我的是你的，但必須你的要先是是我的（你給我半斤我就給你八兩，你給我錢我就為你效力）。

　　（4）**撒馬利亞人的人生觀**——只要你需要，我的就是你的（無條件而積極的愛）。

　　強盜的人生觀固然犯了罪，但祭司袖手旁觀的心態，不愛人、不助人、不行善，在上帝眼中也是罪——

做惡事是罪，不行善事也是罪！

該做而不做，該有而沒有等，這些都是罪。《聯合副刊》曾刊載一篇以〈懺悔〉為題的短詩：

> 我潰犯了一項罪行，
> 類最至極的罪行。
> 我不曾快樂。
> ……
> 我曾是一個抑鬱的男人。

如果連不快樂都該懺悔，那麼我們更該為那「知道行善而不去行」的罪，而大大懺悔了。

（二）以自我為中心，不愛上帝也不愛人（雅四13-16）

本段經文的結論，是雅各所說：「你們竟以張狂誇口；凡這樣誇口都是惡的。」（雅四16）根據陳終道牧師對這一段經文的解釋是——這些話是雅各模仿那些憑肉體圖謀人者之口氣而說的，他的用意是要責備他們的無知。

　　有時候我們自己所說無知的話，自己並不覺得；但是當別人照樣說給我們聽的時候，就會覺得可笑了。在這些話中，可見屬肉體的信徒有許多肉體的打算和夢想。這些打算完全以自我為中心。（一）做事憑自己的計：「今天明天我們要……」；（二）行路照自己定規的方向：「往某城裡去」；（三）生活按自己的籌算：「在那裡住一年」；（四）工作照自己的意思選擇：「做買賣得利」；（五）完全不認識自己生命的有限：「……明天如何……還不知道」。這樣完全憑自己的圖謀，不顧上帝旨意的籌算，就是一種向上帝張狂誇口的表現。

　　雅各並不是要我們做事不要有計畫，乃是要我們尊重上帝而不以計畫自誇，因為「謀事在人成事在天」。雅各所責備的人，乃是以為命運前途都可以掌握在自己手中，所以不尊重上帝也不尊重人，完全以自我為中心。

　　路加福音十二章中所描述那位無知的財主，表面上看來，他似乎是一個安分守己、辛勤工作、節儉不浪費、不嫖不賭的「好人」；但是為什麼聖經稱他為「無知的人」呢？

（1）**因為他錯誤的人生觀**——以為靈魂可以用物質來滿足，以為有了物質就可以「快樂」。如果人生的目標只為「安安逸逸地吃喝快樂」，那麼這種人生所追求的目標，與雞、貓、鴨、狗等動物又有什麼兩樣呢？

（2）**因為他忽略了他人的需要**——「我的出產沒有地方收藏，怎麼辦呢？」他為什麼不肯去賙濟窮人呢？只知道自己而不知別人，只知道造屋不知立德，為富而不仁，不懂得助人，真是一個無知的罪人。

（3）**因為他忘記了上帝的大恩**——只知道謀財而不知感恩，只知道積存而不知奉獻，一切只有「我」——「我的田產」、「我的倉房」、「我的一切」、「我的靈魂」……，殊不知這些都是上帝所賜的。不知道感恩、不懂得感恩，就是無知的罪。

如果只知道不偷、不搶，不……，這只能保守自己不蹈法網，但不能保證自己成為上帝眼中的好人。懂得感恩、懂得助人，才是真正的好人；不感恩、不助人是我們常犯的罪，這是我們該真正懺悔的罪行與罪性。

（三）自以為是地批評論斷人（雅四11-12）

這一段經文，雅各所作的結論是：「你是誰，竟敢論斷別人呢？」（雅四12）論斷人、批評人，是常犯的自以為是的大罪。

從舌頭便可以得知健康狀況。醫生可憑舌頭的顏色及舌苔來判斷是否有病：健康的舌頭是粉紅色、濕潤的；如果表面起裂紋而乾燥，表示可能患有腎病；吸菸過多，呼吸系統或口腔發炎，均會使舌頭紅腫。同樣的，靈性健康與否，也可以由人的舌頭得知。健康者常說感恩及造就人的好話，患病者則常說埋怨與批評人的話。

有一位上帝的僕人如此說：「謗人之舌比蛇更毒，蛇咬一口只傷一人，醫之不難；謗舌一言卻傷三人，謗者一，聽者一，受謗者一。」俗語說：「謀殺能傷人身體，閒語卻能毀人品格。」閒言閒語中，都是別人怎樣、怎樣壞，自己如何、如何好；在別人是「笨手笨腳」，在自己則是「有點緊張而已」；在別人是「執迷不悟」，在自己則是「擇善固執」；在別人是「奢侈

浪費」，在自己則是「慷慨大方」；在別人是「懦弱無能」，在自己則是「文雅敦厚」；在別人是「猶疑不決」，在自己則是「考慮再三」。

人若存心批評別人，何患無詞？「嘴唇兩層皮，說來說去由得你」，不管怎麼做都可以被批評。據報載，一位交通警察的心聲如此說：「執勤時取締違規計程車，謹記隊長的規定，應有禮貌並要面帶笑容，但常遭違規的司機先生們揶揄說：『要開單就開，不要笑裡藏刀。』真叫我們這些交通警察啼笑皆非。」笑與不笑，都會被人批評——只要存心想批評人。

批評人，有時會顯出自己的無知。有一位近乎眼盲的人如此大膽地說：「天上有太陽、月亮的存在，是古今中外有目共睹、人盡皆知的事實；但至於天上有星星這件事，恐怕只是有此傳說罷了，有誰真正見過呢？其真實性實在令人懷疑……。」以自己的「未知」來批評別人的「已知」，是多麼「無知」啊！

保羅說：「你這論斷人的，無論你是誰，也無可推諉。你在甚麼事上論斷人，就在甚麼事上定自己的罪；因你這論斷人的，自己所行卻和別人一樣。我們知道這

樣行的人，神必照真理審判他。你這人哪，你論斷行這樣事的人，自己所行的卻和別人一樣，你以為能逃脫神的審判嗎？」（羅二1-3）路加福音十五章中浪子的比喻，老二固然是浪子，卻及時悔悟；老大雖未在外飄泊，卻是個在家的浪子，不尊重父親、不肯以愛赦免人。從他對父親的頂撞，足以證實他仍不能原諒已悔改的兄弟，表現出自己執迷不悟的性格，真是指責別人，自己反倒不如別人。浪子的故事，使我想起了禪宗的一則故事。

兩個師兄弟在山中行腳，當他們來到一座橋頭的時候，看見一位少女在哭泣。師兄便走上前去問說：「你為什麼哭呢？」少女說：「我不敢過這橋。」師兄說：「那你把眼睛閉起來，我背你過去好了。」師兄把少女背過橋以後，少女就自己回家去了。不久，師弟忽然對師兄說：「師兄，你今天犯戒了。」師兄說：「我犯了什麼戒？」師弟說：「你剛才做了什麼事，你自己明白。」師兄說：「哦，我早就放下了，你到現在還沒有放下嗎？」

當我們批評別人的罪行時，是否也顯示了自己犯罪的欲念與罪性呢？批評別人，也正是表明了自己的不義。

有一篇名為〈我愛土妻〉的短文，幽默地道出了作者十五年來甜蜜的婚姻生活：

> 記得新婚之夜，是我幫她放熱水的（當時妻還不會使用瓦斯熱水爐）。妻沐浴完後，就興高采烈地走進臥房，用很得意的口吻對我說：「我把瓦斯關好了。」我連忙問：「怎麼關的？」妻答：「很簡單，我只吹一口氣，火就熄了。」此刻我才恍然大悟，連忙衝進浴室，原來妻把瓦斯熱水爐內的火苗當成開關而把它吹熄了。諸位看官，吾妻土得很可愛吧！

有了愛，就是可愛的「土」妻；但如果沒有愛，必然評論其妻為「笨」妻了。愛，就是不輕易批評，也懂得凡事包容的道理。

　　有一位很有成就的青年商人，愛上了一位頗負盛名的女演員。他經常陪伴她進出各種正當場所，達數月之久，後來決定要和她結婚。婚前，他雇了一家私人偵探，去對這名女子作了一番深入調查。這份工作交給一家很特別的偵探社去調查，而且社方也不知其雇主為何許人也。最後，偵探社的調查報告送來了，上面寫著：「該女士名譽特佳，其過去之行為及其所合作之對象皆屬上乘，真是無懈可擊；惟最近與一位名譽不佳的商人交往甚密，是唯一美中不足之事。」

　　我們都不免會有「別人不如自己」的心理，如果我們能像別人看我們那樣去看自己，尤其是像在上帝眼中看自己，也許所得的結論才是正確的。誠如馬太福音七章3節所述的：「為甚麼看見你弟兄眼中有刺，卻不想自己眼中有梁木呢？」

　　我們真應為常愛批評人的習性而懺悔！

　　因此，該做而不做就是罪，以自我為中心就是罪，自以為是地批評別人也是罪。一個肯常常如此反省而懺悔的人，必然活得更完美、活得更充實。

　　古人說：「白日所為，夜來省己；是惡當驚，是善當喜。」（《養正遺規》卷三）反之，也可以說：「白日未為，夜來省己；是惡當喜，是善當驚。」這正是基督徒該達成的目標。

　　我們雖然不能控制生命的長度，但藉著聖靈的幫助，至少我們可以控制生命的寬度與深度；我們不能改變容貌的美醜，但藉著自我反省更新，至少可以控制臉部的表情──誠懇、純潔，在更新中邁向成熟！

　　切記！基督徒是享有「不必犯罪」之主權的人。珍惜它、享有它，讓它幫助你成長，作一個越來越像基督的基督徒！

第 10 章

享用「能忍能耐」
的主權

> 弟兄們哪，你們要忍耐，直到主來。看
> 哪，農夫忍耐等候地裡寶貴的出產，直到得了
> 秋雨春雨。
>
> ——雅五7

有所成就，是每一個人的希望。有的人希望在家庭中有所成就，有的人希望在事業上有所成就；人人無不在追求有所成就的生活。然而，人生的道路並非全然是平坦康莊的大道，有時也會有坎坷崎嶇的窄路。人生一定會遭遇打擊、挫折，有的人可能因此一蹶不振，有的人卻能在失敗的挫折中仍不停歇地努力，即使走不動了還是匍匐前行，終至重新站立起來，得著他所應得的成就。

古人說：「大丈夫能屈能伸。」我們翻開一些在人生中有所成就者的傳記，會發現他們之所以有所成就，並非倚賴其異於他人之才能與環境，只是因為他們具備了比別人更能持久的耐力，他們深知只有不做事的人才不會遭遇困難，也懂得讓困難成為成功的資產與機會，正如朱熹先生所說：「無一事而不學，無一時而不學，無一處而不學。」這種人當然會有所成就。

忍耐，即能忍能耐，是有所成就的共同條件。然而，什麼是忍耐呢？如何才能在凡事上有耐力呢？聖經教導信徒一個寶貴的真理：「弟兄們哪，你們要忍耐，直到主來。看哪，農夫忍耐等候地裡寶貴的出產，直到得了秋雨春雨。」（雅五7）讓我們一齊透過這段經文來分享，基督徒應該如何享用「能忍能耐」的主權。

有盼望的忍耐

聖經強調忍耐的原則絕不是「無可奈何」、「逃避現實」、「自我麻醉」、「自欺欺人」、「逆來順受」，而是以信心為後盾，有盼望的忍耐。這種盼望是因具有「在人所不能，在上帝凡事都能」的信念才能獲得，這與一般教導人忍耐的哲學家、教育家所教導的有著截然不同的意義。保羅曾說：「我想，現在的苦楚若比起將來要顯於我們的榮耀就不足介意了。」（羅八18）忍耐，乃是信心盼望的果子。

西方人說：「當你面向太陽前進時，陰影就落在背後。」上帝就是我們的陽光，當我們面向祂前進時，一切的負擔陰影便落在後頭了。一個心中有上帝的人，是充滿盼望的人。

一個人能有所成就，是因為他懂得忍。信仰能給予人忍怒、忍耐、忍苦的能力。

（1）忍怒——有人說發怒是短暫的精神失常，會使人失去理智，會使人衝動，說出不該說的話，做出不該做的事。聖經上告訴我們：「好氣的人挑啟爭端；暴怒的人多多犯罪。」（箴廿九22）西諺說：「你若不控制怒氣，怒氣就必控制你。」一個被怒氣控制的人，必然犯罪。該隱為什麼殺害亞伯？那是因為他獻給上帝的禮物不被悅納，亞伯的供物卻被悅納，因此「該隱就大大地發怒，變了臉色」，後來趁他們兄弟二人在田間工作時，「該隱起來打他兄弟亞伯，把他殺了」（參創四5、8）。

如果該隱當時能忍耐，止息怒氣，就不致殺害弟弟而被上帝懲治了。當以色列民在曠野因沒有水喝而大發怨言時，摩西不能心平氣和地遵行上帝的命令，因而忿怒地用杖擊打磐石，以致功敗垂成，終生不得進入迦南美地。怒氣衝動、不能忍耐，斷送了摩西一生的努力與盼望；基督徒在發怒時，務要祈求主幫助，就必能獲得智慧、毅力，以勝過怒氣。

（2）**忍辱**——忍怒固然重要，但忍辱更為重要。箴言說：「愚妄人的惱怒立時顯露；通達人能忍辱藏羞。」（箴十二16）在我們日常生活中，常會遇見一些觸動內心怒氣的事，也會遇到被人羞辱的事，然而怒該忍，辱也該忍。孔子以「小不忍則亂大謀」來勉勵人，懂得忍辱負重並不是癡漢，乃是聰明通達的表現。戰國時代，趙國的廉頗與藺相如復交的故事即是一實例。

聖經中所記載大衛一生的成功絕非偶然，他是典型忍辱不衝動的人。掃羅多次企圖殺害大衛，甚至將原先已許配給大衛的米甲另嫁他人；就在掃羅極力尋索大衛的性命之時，大衛有二次足可致掃羅於死地的機會，但是他能忍耐到底不加害掃羅，終於感動了掃羅自己承認過錯，並為大衛祝福。大衛的兒子押沙龍叛變時，流亡的大衛曾被示每辱罵，但大衛甘心受辱，直到後來凱旋回宮，仍然未施行報復。信仰能幫助人忍辱負重，以致邁向成熟。

（3）**忍苦**——基督徒除了能忍辱之外，也要能忍苦，因為他深信上帝安排一切；他能倚靠上帝的引導，陽光普照之時固然歡欣，但如果天天都烈日當空也未必

是福,因此偶有雨水滋潤,會為之喜樂。順境固然可喜,但逆境也不必太過憂慮;任何環境都有上帝的美意,無論何時、何事,都能處之泰然,因為上帝能使萬事都互相效力,叫愛上帝的人得益處。基督徒要學會倚靠上帝、信賴上帝,並讓上帝來安排、磨練。

舊約中的約伯在備受打擊的苦難中,仍然不怨天尤人,並讚美上帝說:「我赤身出於母胎,也必赤身歸回;賞賜的是耶和華,收取的也是耶和華。耶和華的名是應當稱頌的。」(伯一21)苦境中的忍耐,使得約伯日後大大蒙福,足見信仰能使人勝過逆境,且知足而有喜樂。

有喜樂的忍耐

但有一件事農夫無法辦到——秋雨春雨的來臨,但是他仍舊要盡自己的本分努力工作,這正與中國人所說的「盡人事聽天命」之教訓相吻合。

(1)要有「流淚撒種歡呼收割」的信念——忍耐,不是逃避或推卸責任,而是在忍耐中產生毅力,懂得去努力所該努力的。真正的忍耐,必然產生積極的果效。

曾聽過一則故事：相鄰兩家小店不幸失了火，燒得面目全非，甲店的老闆終日愁眉不展、嘆息不已、怨東怨西，心裡滿是懊悔，這不該、那也不對。乙店的老闆卻一聲不響收拾殘局，重新開張樂觀奮鬥。他說：「因為以往的積蓄都燒光了，我得更加振作才行。」結果沒有多久，生意興隆，不但恢復了舊觀，且超過數倍，而甲店竟完全垮台了。

基督徒應該對上帝有信心，但也要負起撒種的責任，而且要努力流淚的撒種──努力工作。

（2）要領悟「人種的是甚麼，收的也是甚麼」的原則（加六7）──我們希望別人如何對待我們，我們也要如何對待他人；所謂「愛人者，人恆愛之；敬人者，人恆敬之」，就是最好的詮釋。其實這句原則性的話，可以更積極地說是「想收什麼，就必先種什麼」。想有好的人際關係，就必須先學習寬恕別人，這是我們最需要撒播的種子，也是一生學習不完的功課。杏林子寫了一首題為〈寬恕的功課〉的詩，讓我甚得激勵，相信這也是一首值得您深思的詩：

主啊!
我做不到,祢知道我做不到。
他們剛剛得罪了我,
他們曾經虧欠了我,
他們也不斷傷害了我,
主啊!要我寬恕他們,
我做不到。

他們一點也不可愛,
一點也不友善;
他們總是找我的麻煩,
總是和我過不去,
主啊!這樣的人要我寬恕他們,
我實在做不到。

但是,我的主啊!
我忘了,
我也曾經如此待祢,
多少次我背棄了祢,
多少次我遠離了祢,

多少次我否認了祢，

而祢仍然愛我。

主啊！

求祢教導我如何去寬恕，

就像祢寬恕我一樣。

　　人若想要有所成就，除了要努力工作外，還要學習接納人、寬恕人，並建立良好的人際關係。

　　（3）要有「但問耕耘，不問收穫」的態度——無論在任何困擾中，對「人」對「事」都能流露出永不止息的愛，恆切忍耐而不灰心。「但問耕耘，不問收穫」，這其中更包含了「施人慎勿念」的原則。若引用法蘭西斯的祈禱文來詮釋，那就是「少求受安慰，但求安慰人；少求愛，但求全心付出愛」的精神，人依靠上帝且盡本分努力，上帝必要幫助他邁向成熟。

有恆切的忍耐

在風雨中，更能看出農夫的勇氣、毅力、鎮靜，不被風雨所擊倒。想要成為稱職的農夫，則先要能接受長時間的日晒、風吹、雨淋的考驗；還要加上不輟不休地努力工作，來日才可歡呼收割。在任何遭遇中若能保守自己堅信、仰賴上帝，上帝必然幫助他。

鎮靜，是恆忍的果子，使人知道臨危不亂，更能以不變應萬變，有這種鎮靜力的人，必能有所成就。耶穌曾說：「今世之子，在世事之上，較比光明之子更加聰明。」（路十六8）這我想起一則有關鎮靜行事的故事。

當維也納一處法庭正進行審判時，兩個竊盜扮成工人模樣，大膽地扛著梯子走進法庭，準備拿走牆上的一座大鐘。法官對這突如其來的打擾感到很氣惱，於是問他倆可否在審判結束後再來搬。但是這兩個人說：「對不起，我們是奉命行事，馬上就得做完。」他們終於拆下了那座鐘，臨行時還對法官深致歉意，然後從容離去。自從那座鐘被搬走之後，就再也沒有見到蹤影。作奸犯科的人往往非常機警，他們有慎密的思考，知道如

何行事；偷竊雖是犯罪，但是他們的勇敢與鎮定，卻是值得我們去學習的。

人在困難來臨時若對上帝有足夠的信心，則必然能夠鎮靜忍耐，處變不驚，也必然能有所成就。

在忍耐的過程中，有的人是埋怨不已，終日以淚洗面、怨天尤人；有人則是保持沉默安靜，持定崗位與本分。你是屬於哪一種人呢？

經上說：「弟兄們，你們不要彼此埋怨，免得受審判。看哪，審判的主站在門前了。」（雅五9）

基督耶穌在十架上為信徒留下了最好的忍耐榜樣，祂未曾流下眼淚，或為自己喊冤及抱屈。信徒遭遇困擾時，是否雖有忍耐卻仍滿腹怨言呢？保羅曾說：「你們也不要發怨言，像他們（以色列人）有發怨言的，就被滅命的所滅。」（林前十10）「埋怨」，是忍耐的致命傷及破口。

埋怨，使人失去信心不敢前進（參民十三31-33，十四36-37）。

埋怨，使人灰心失去毅力（參王上十，十九4、10）。

埋怨，使人失去喜樂，忘記了神的恩典。

埋怨，使人失去愛心而自憐自艾，無法助人。

然而，信心能生出沒有埋怨的忍耐（雅一4）；這種忍耐，帶給人成熟、成就與成功。

記得童年時，每當生病吃藥時，總是要媽媽、哥哥把我抱緊，甚至捏住我的鼻子，才能把藥灌進口中。等長大了，明白良藥苦口益於病的道理，也就能甘心忍耐了。小孩子的性情不會忍耐，靈性幼稚者也正是如此，非得環境順利了才能快樂，一不順利則憂懼叢生；工作有果效則暢快歡欣，若無果效即急躁萬分，這些都是尚未長大的現象。

保羅說：「我無論在甚麼景況都可以知足，這是我已經學會了。我知道怎樣處卑賤，也知道怎樣處豐富；或飽足，或飢餓；或有餘，或缺乏，隨事隨在，我都得了祕訣。……。被人咒罵，我們就祝福；被人逼迫，我們就忍受；被人毀謗，我們就善勸。」（腓四11-12；林前四12-13）這就是長大成熟的生活表顯，因為這至暫至

輕的苦楚，要為我們成就極重無比、永遠的榮耀；心中常有活潑的盼望，自然能凡事忍耐。

無法忍耐，是最大的盜賊，盜走了我們的福分和平安，是我們家庭、教會及社會最大的擾亂者，是成功者的致命傷。當知——「不忍不耐，惹禍招災」！

凡事盼望、凡事相信、凡事包容、凡事忍耐，這是基督徒所具有的福分。求主加添力量，使你因具有深入的信仰生活，而能在一切事上忍耐到底，因為信心必生出忍耐。

切記！基督徒是享有「能忍能耐」之主權的人。珍惜它、享有它、讓它幫助你邁向成熟！

第 11 章

享用「祈禱大能」
的主權

你們中間的爭戰鬥毆是從哪裡來的呢？不是從你們百體中戰鬥之私慾來的嗎？你們貪戀，還是得不著；你們殺害嫉妒，又鬥毆爭戰，也不能得。你們得不著，是因為你們不求。你們求也得不著，是因為你們妄求，要浪費在你們的宴樂中。

——雅四1-3

你們中間有受苦的呢，他就該禱告；有喜樂的呢，他就該歌頌。你們中間有病了的呢，他就該請教會的長老來；他們可以奉主的名用油抹他，為他禱告。出於信心的祈禱要救那病人，主必叫他起來；他若犯了罪，也必蒙赦免。所以你們要彼此認罪，互相代求，使你們可以得醫治。義人祈禱所發的力量是大有功效的。以利亞與我們是一樣性情的人，他懇切禱告，求不要下雨，雨就三年零六個月不下在地上。他又禱告，天就降下雨來，地也生出土產。

——雅五13-18

　　祈禱，是我們踏進信仰門檻所要學習的第一件事，也是我們在臨終離世前，所要遵守的最重要行動，更是維繫我們一生都持守忠貞信仰生活的原動力。多禱告必然多得能力，少禱告則少得能力，不禱告就沒有能力。一個在禱告中馬馬虎虎的人，其信仰生活也必然是馬馬虎虎；想要瞭解一個人的靈性光景，可觀察其禱告生活如何，這是最準確的途徑。

　　縱觀整個聖經歷史，幾乎可以說均是在描述禱告所產生的大能；屬靈偉人均是因為懂得享受祈禱的主權，才能使生活更加充實、更加喜樂、更加有意義。

　　主耶穌曾說：「你們祈求，就給你們；尋找，就尋見；叩門，就給你們開門。」（太七7）這是主的應許，然而許多基督徒常常問：「為什麼我生活沒有喜樂？」、「為什麼我事奉沒有能力？」、「為什麼我不能改掉我的脾氣？」、「為什麼我信心不能成長？」、「為什麼我不能饒恕人？」、「為什麼……？」上帝的回答常是：「因為你們不求。」你應該發現，自己靈命不夠成熟，信心不夠堅定，教會也不得復興，雅各的回答是：「你們得不著，是因為你們不求。」（雅四2）我

們不間斷地祈求，就必得著，正如主所說的：「你們雖然不好，尚且知道拿好東西給兒女；何況天父。」（路十一13）祈禱，是蒙福的根源。那麼，什麼是禱告呢？其真義又是什麼？

祈禱的真義

人與人之間以言語溝通思想的行為，稱之為談話；而人與上帝間的溝通交談，則需藉禱告——即向上帝請安、向上帝表達感謝、向上帝表達需要。如果我們承認上帝是我們的天父，我們不但要在有所求時親近祂，在平常生活中更要天天親近上帝。

耶穌說：「你們沒有祈求以先，你們所需用的，你們的父早已知道了。」（太六8）既然天父早已知道，那麼我們為什麼還要祈禱呢？在此，耶穌就闡述了祈禱的真義，不只是單單為了有所求，乃是單純地親近祂。

我的孩子施以諾才五歲大時，有一次自己在臥室玩玩具，我則在客廳看書，聽見他一連叫了兩聲「爸爸」，我便過去問他什麼事，沒想到他竟笑咪咪地回答

說：「沒什麼啊！我只是喜歡叫叫你嘛！」這使我不禁想到，這豈不是我們對天父應有的祈禱方式嗎？不一定是為了有所求，而只是喜歡叫一叫天父，一種單純的父子之情的流露。你應與天父好好地「聊一聊」！

祈禱，是我們感謝天父的一種行動。「感謝主」這句話絕對不是口頭禪，而是發自於內心。或許你會認為有什麼好感謝的，自己又不像別人，事業順利、功課好……。在你日常生活中，其實充滿了太多應該感謝的事，只不過被你忽略了。

設想有位醫術精明的醫師之子，有次在路上不慎碰著一塊石頭，跌了一跤，將腿給摔斷了；他父親趕緊跑過來，慈愛地將他扶起，用盡方法來治療他的創傷。不久兒子完全痊癒，對於父親當然要表示滿懷的感謝，這個孩子自然有理由更愛他的父親。

但是如果這個假設是，有位父親見他兒子平日經常行走的路上有一塊會絆倒人的大石頭，於是他在無人之際便將石頭挪開。兒子不知父親的先見之愛救了他免遭災禍，因此對父親當然也就沒有因這件事所感受到的愛而滿懷感謝了。他對父親的愛，比起傷重得癒的兒子來

說，當然也有天壤之別。然而，如果這個得以免遭災禍的兒子後來知道父親先見之愛的真相後，他愛父親的心會不會更深、更大呢？

我們就如同這假設中的兒子，也正是天父施與先見之愛的對象。

有次我在前往主持一場安息禮拜的途中，車子拋錨了；後來雖然勉強發動能走了，但一旦熄火則必然更加麻煩。如此，一路上每走了一段路程沒有熄火，我就深深地感謝主的恩典，直到抵達目的地，下車第一句話就是由衷地說：「感謝主！」

上帝對我們醫治、幫助與垂聽祈求的愛，我們固然心存感謝；但是對平常出入安全無虞，上帝保守的先見之愛，豈不更該感謝？仔細想想我們的生活中，不正充滿了這種該感謝的理由嗎？你應與天父好好地「聊一聊」！

親近上帝、向上帝祈禱的目的，乃是在於重新調整自己，以合乎上帝的旨意。禱告不是「報告」，也不是「通告」；乃是為使自己的靈命、品格更加成熟而「求

告」上帝。因此，禱告不是「命令」上帝，不是「支配」上帝，更不是「指揮」上帝；禱告乃是等候上帝的命令、支配、指揮，藉此使自己更完美、更充實。

曾經有兩個球隊在賽球前，都分別在自己的場區內低頭禱告。有人就好奇地問教練：「你們都求贏，那麼上帝要聽誰的呢？」教練泰然地回答說：「我們從未祈求贏過對方，乃是祈求上帝幫助我們勝了不驕傲，敗了不灰心，不頹喪！」同樣的，耶穌在客西馬尼園的禱告，正是我們所應該效法的。學祂凡事與天父相談、聊一聊，你必然會更加成熟、更有智慧！

早期三台電視台在早晚節目開播前十五分鐘，均會播放一段「檢驗圖」，這檢驗圖上的頻色是世界統一的，自左而右為白、黃、青、綠、紅、紅藍、黑，對照調整好電視畫面上顏色的次序，便可以收看到最清晰真實的彩色影像，也可供電器技術人員調整電視色彩之用。可惜，許多家庭皆忽略了其功用。祈禱，就是我們良心的檢驗圖，如果要有多彩多姿的充實生活，就應學會運用良心的檢驗圖，每天以禱告調整自己，使自己的生活越來越充實。

　　祈禱不但能調整自己的生活，也是獲得能力的途徑，使自己越來越像上帝。如果以古人所說「近墨者黑」的道理來引申形容信徒與上帝的關係，那麼「近神則善」，也是一種必然的事實。

　　有一個故事如此說到，古時候有位駝背的皇帝因著身體的缺陷，所以脾氣很陰鬱、尖刻；也由於他的壞脾氣，為老百姓帶來了許多的不幸。那位皇帝整天都在御花園裡踱來踱去，因常想起自己惡形怪狀的背，所以沒有心情為國計民生著想，替老百姓造福，始終思想一些惡毒的法律，使老百姓越來越苦。

　　有一天，有位雕刻家到宮庭裡，要求皇帝准他雕一座皇帝頭部的雕像，皇帝聽了就說：「雕一座全身的雕像，可是不要把我那惡毒的脾氣也表現在雕像中；作皇帝的應該有的尊容是什麼樣子，你就雕成那個樣子吧！」雕刻家覺得皇帝的話很有意義，也很受感動，便用純白的大理石為皇帝雕刻了一尊雕像，臉部慈祥，非常富有男子氣概，胸背也挺得直直的，看來真是無懈可擊。

　　皇帝要工人把這尊雕像樹立在御花園的叢林中小水池旁，皇帝每天總要到叢林中，站在雕像前沉思默想，要如何作一個真正的皇帝。這樣幾年過去了，漸漸地有老百姓在說：「怎麼我們的皇帝變了，變得溫和、慈祥，他要把國家治理成可以安居樂業的一片樂土了！」還有人竊竊私語說：「你有沒有看到他的背？也不再像以前那樣駝了！」這些流言傳到皇帝的耳中之後，皇帝馬上跑到鏡子前，照照鏡子再仔細看看自己，可不是嗎？他的背現在不駝了，整個身體變得挺直了，就跟池邊的雕像一樣。

　　這是一則相當發人深省的故事。同樣的，一個常常禱告的人，我不敢保證他永遠不會跌倒；但是我敢保證他跌倒了，會有力量重新站起來，因為一個親近上帝的人必然越來像上帝，因為他屬乎上帝。

　　祁克果（Soren Kierkegaard，1813-1855）這樣說：「一個人禱告時，最初以為只是自己在說話，可是愈來愈安靜後，到了末了，他會意識到原來禱告也是一種聆聽。」祈禱能使我們得力，最主要是由於我們懂得聆聽，這是我們應該建立的正確觀念。

祈禱，就是與上帝「聊一聊」，你有這種經驗嗎？

祈禱的攔阻

不禱告，也可以成為基督徒嗎？這是極大的矛盾。從來沒有一個人可以只花少許的時間禱告，而能獲得極大的成功；更何況是不禱告呢？今日有些信徒參加禮拜，有熱心的事奉，有大量金錢的奉獻，但卻無個人的禱告生活。

以行動代替禱告或以禱告代替行動，都是對禱告無真確認識的表現，因此有人說：「沒有禱告的行動是愚昧；沒有行動的禱告是不信。」我們不應以禱告代替行動，也不應以行動代替禱告。試問，我們是否失去了應有的祈禱生活呢？

有些人所以不願禱告，有幾個基本原因，首先，是自以為有辦法，所以不必禱告；其次，是「我很忙」，所以無法禱告；另外一個原因是禱告未蒙垂聽，所以不想禱告。其實，這些都是出於人的愚拙，這些原因只能更加催逼我們殷勤地去禱告。

（1）我有辦法，所以不必禱告？

有人自以為目前健康情況良好，生活環境也頗優裕無缺欠，何必禱告呢？但是卻忘了，感謝上帝所賜予的恩典，這種感謝應更加深禱告的意願，何況「人無千日好，花無百日紅」，你能預料明天會有什麼變化嗎？難道非得到了窮途末路，才尋找上帝，才禱告嗎？禱告如果不是只為了有所求，那麼隨時隨地都應該禱告。

人在自以為有辦法的時候，就真的不需要禱告了嗎？人又能有什麼辦法呢？人的能力相當有限，古人曾說過「謀事在人，成事在天」，人的才智並不能保證人的成功。保羅也說：「我栽種了，亞波羅澆灌了，惟有上帝叫他生長。」（林前三6）以植物的生長來說，人只能有撒種澆灌的辦法，唯獨上帝有辦法叫它生長、茁壯，偃苗豈能助長呢？以生病就醫為例，人生病了只能看醫師治療，而醫師也只能開藥方給病人服用；但使病人痊癒，卻只有上帝有辦法。對於生命，人還有什麼辦法可言呢？

人所能做的很有限，因此應具有「盡人事聽天命」的信仰意識，如此天助、自助、人助，方能有所成就。

（2）我很忙，所以無法禱告？

如果禱告是得力的根源，那麼越忙，則越需要藉著禱告來獲得能力，以支持自己面對忙碌的一切，才不致因「忙」而「盲」，以致生活失去目標。在忙碌中，要更加祈求主賞賜智慧，引導自己不迷失方向，繼續向真道邁進。

有一本書如此勸勉信徒：

> 我們一定在鏡子裡照見自己，我們有時也可以在河水裡看見自己的影子；可是當河水揚波的時候，我們便看不見自己了。同樣的，當我們在生活忙碌的時候，便會看不清自己；但我們一到靜境，不但能看清自己，而且能改變我們的生活。在靜境中，我們可與上帝同住並認識祂。只有祈禱的生活才能達到這種境界。

馬丁路德宣告說：「我有那麼多的事務，所以我每天若不花三小時禱告，便應付不了。」他的屬靈格言是：「禱告得好，便研究得好。」約翰衛斯理說：「上帝不做別的事，只應允禱告。」他每天花二小時的時間

禱告，以支持他的信念。一個人越忙，越需要禱告，怎能說沒有時間禱告呢？

我曾有多年騎機車的經驗，常因「忙」而耽擱了加油，結果只得「推車而行」。車能助我們前行——更快、更省力、更舒適，但也能成為我們的重擔，耽誤了大事，關鍵就在於沒有忙中抽空去加油。人千萬不可因忙而不加「油」；加油正如我們的禱告，不加油不禱告，其後果如何當可想而知。為什麼信徒沒有喜樂？為什麼信徒沒有拒絕誘惑的能力？為什麼人生拋錨了，覺得乏味，乃是因為不禱告！

切記！越忙越要禱告，禱告就是人生的加油站！

（3）禱告未蒙垂聽，所以不想禱告？

禱告未蒙垂聽，你是否想過為什麼呢？是出於妄求嗎？

傅士德（Richard Foster）在其《屬靈操練禮讚》（*Celebration of Discipline*）一書中，提到祈禱的操練時如此說：

如果我們扭開電視機竟沒有什麼鏡頭出現，我們不會宣告說在空氣中沒有電視的電波這東西。我們會假定是某些零件故障，並且能找出來加以修正。我們會檢查電插頭、電鈕、真空管，直到發現什麼東西阻攔了這種藉空氣傳達畫面的神祕力量。當我們看見電視機運轉活動的時候，便知道問題已經找出而且修正了。

禱告的情形也是這樣。如果我們的祈求得蒙應允，我們便知道禱告得對了。否則我們得找尋「破損」的地方，也許我們禱告錯了，也許我們裡面有些東西需要改變，也許我們需要學習新的禱告原則，也許需要忍耐和持久力。我們聆聽，作必要的適應和改正，然後再嘗試。我們能夠有把握地知道我們的禱告已蒙應允，正如我們能夠知道電視機修好一樣。

以賽亞書說：「耶和華的膀臂並非縮短，不能拯救，耳朵並非發沉，不能聽見，但你們的罪孽使你們與上帝隔絕；你們的罪惡使他掩面不聽你們。」（賽五九

1-2）因此，禱告未蒙垂聽，不但不可灰心，反倒要自省，究竟什麼是禱告蒙應允的攔阻。

禱告不蒙應允，有時是出於上帝拒絕式的愛——即因時機不合宜，所以暫時不應允。這如同一個五歲大的孩子向你要一把刀，若你真愛他，會給他刀嗎？醫生囑咐手術後的親人嚴禁喝水，當他向你要水喝時，究竟是「給」才是愛，或「拒絕」才是愛呢？何者較容易呢？拒絕式的愛，是最大、最難，也是最深的愛，基督徒應信賴上帝，為上帝那拒絕式的愛而心存感謝，豈能心存懷疑而灰心不親近祂呢？

世界上只有一個人不需要禱告，那就耶穌；然而，祂卻是最重視禱告的人，何況是我們呢？

禱告蒙應允的祕訣

禱告蒙應允的條件不只因為禱告的內容如何，而是在於禱告的人。以該隱與亞伯的獻祭為例，聖經如此說：「亞伯也將他羊群中頭生的和羊的脂油獻上。耶和華看中了亞伯和他的供物，只是看不中該隱和他的供

物。該隱就大大地發怒,變了臉色。」(創四4-5)獻祭的人比所獻的祭更為重要;因此,如果你希望禱告蒙悅納,就應以革新個人的靈性、品格為起點。

(1)對外人——賙濟關懷窮人

「我所揀選的禁食不是要鬆開凶惡的繩,解下軛上的索,使被欺壓的得自由,折斷一切的軛嗎?不是要把你的餅分給飢餓的人,將飄流的窮人接到你家中,見赤身的給他衣服遮體,顧恤自己的骨肉而不掩藏嗎?這樣,你的光就必發現如早晨的光;你所得的醫治要速速發明。你的公義必在你前面行;耶和華的榮光必作你的後盾。那時你求告,耶和華必應允;你呼求,他必說:我在這裡。」(賽五八6-9)

「塞耳不聽窮人哀求的,他將來呼籲也不蒙應允。」(箴廿一13)

(2)對家人——互相敬重

要有正常的家庭生活,家人互相敬重。與人的相處要有正常的關係,才能與上帝有正常的關係。

「你們作丈夫的也要按情理和妻子同住；因她比你軟弱，與你一同承受生命之恩的，所以要敬重她。這樣，便叫你們的禱告沒有阻礙。」（彼前三7）

（3）對上帝——行祂所喜悅的事

「並且我們一切所求的，就從他得著；因為我們遵守他的命令，行他所喜悅的事。」（約壹三22）特別注意「因為」的意義。

耐心等候

上帝的時刻一到，必然成就。雅各說：「以利亞與我們是一樣性情的人，他懇切禱告，求不要下雨，雨就三年零六個月不下在地上。他又禱告，天就降下雨來，地也生出土產。」（雅五17-18）在迦密山上，以利亞耐心地禱告七次（參王上十八43-44），天上才有烏雲，才開始下雨。此等耐性，我們有嗎？

從前有位貴婦去看戲，回家之後發現手上貴重的鑽石戒指掉了，就打電話告訴戲院老闆，說在某某包廂遺失了戒指一枚。老闆說道：「請您等一會兒，我就去

找。」貴婦等了約有一刻鐘，就很不耐煩地把電話掛上了。不久，戲院老闆找到了鑽戒，但已無人接電話了；查問電信局，他們也忘了方才接通的電話是何號碼，後來登報聲明也無人來認領。人的禱告有時也是如此，未等到上帝的應允就中途停止，何等可惜！

禱告，是我們生活的指引；如何禱告，就該如何生活，忠於自己的禱告，否則禱告就失去意義。

有個小女孩十分調皮，常與同學打架。一次，她禱告時說：「上帝啊！求祢幫助我，使我不再打人。」某學生在一旁聽到了，大笑說：「你能實行你的禱告，就太好啦！」小女孩聽到了，隨即睜開眼睛，還沒來得及說「阿們」，就大聲喝道：「你竟敢笑我，看我揍不揍你！」禱告，必須誠實說出心中的話，不可虛有其表地說一些毫無意義的客套話。

拜偶像的人，敬拜偶像有特定的地方：拜媽祖要到媽祖廟，拜城隍爺要到城隍廟，拜土地公要到土地公廟；然而，基督徒敬拜、祈禱上帝，不受任何環境的限制，隨時隨地都可以；祂超越時空的限制，唯有祂才是真神。

禱告，是我們與上帝之間的連線，而且祂所賞賜的是一支手機，隨時隨地都可以向祂禱告。我們應充分應用這支手機與主交談，建立更完美的個人與家庭生活。

每天向上帝打個電話，這是權利，更是福氣！

切記！基督徒是享有「祈禱大能」之主權的人。珍惜它、享有它，讓它幫助你邁向成熟！

第 12 章

享用「征服疾病」
的主權

你們中間有病了的呢，他就該請教會的長
老來；他們可以奉主的名用油抹他，為他禱
告。出於信心的祈禱要救那病人，主必叫他起
來；他若犯了罪，也必蒙赦免。

所以你們要彼此認罪，互相代求，使你們
可以得醫治。義人祈禱所發的力量是大有功效
的。以利亞與我們是一樣性情的人，他懇切禱
告，求不要下雨，雨就三年零六個月不下在地
上。他又禱告，天就降下雨來，地也生出土產。

——雅五14-18

有一個患病的人，名叫拉撒路，住在伯大
尼，就是馬利亞和她姊姊馬大的村莊。這馬利
亞就是那用香膏抹主，又用頭髮擦他腳的；患
病的拉撒路是她的兄弟。

她姊妹兩個就打發人去見耶穌，說：「主
啊，你所愛的人病了。」

——約十一1-3

　　生、老、病、死，是人生旅途中必然會遭遇的經歷，基督徒並不能有所例外；唯一不同者，乃在於能充滿著信心、盼望、勇氣，能鎮靜地去面對這些事件之來臨。

　　就以「拉撒路復活」的事件而言，馬大、馬利亞就是充滿著信心，傳遞給耶穌一個緊急訊息：「主啊！你所愛的人病了！」這可以啟示我們對於「疾病」應有的認識與態度：（一）主所愛的人，也會患病；（二）對於疾病應有的態度——應在此經歷中榮耀上帝；（三）互相關懷、代求的使命。

　　雅各也曾說：「你們中間有病了的呢，他就該請教會的長老來；他們可以奉主的名用油抹他，為他禱告。出於信心的祈禱要救那病人，主必叫他起來；他若犯了罪，也必蒙赦免。所以你們要彼此認罪，互相代求，使你們可以得醫治。義人祈禱所發的力量是大有功效的。」（雅五14-16）這提醒我們對於疾病應有的認識與態度，並且提醒了疾病中蒙福的途徑，使人不但有健康的身體，也因此有更茁壯的靈魂。追求「身」、「心」的健康，是基督徒該努力的課題。

耶穌所愛的人病了

俗語說：「英雄只怕病來磨。」縱然是英雄好漢，到了生病時，也就無能為力了。所以有人說，健康就是財富、就是幸福；然而，誰有永遠健康的把握和保障呢？也只能享有目前短暫的健康罷了。

馬大、馬利亞不是說：「主啊！拉撒路病了！」而是說：「主啊！你所愛的人病了！」主所愛的人，和不信主的人一樣，也會生病。有些人說：「信耶穌的人，甚至熱心愛主——也是主所愛的人，既然同樣有病、有死、有世人的各種苦難，那麼又何必信耶穌呢？」此等人以為信耶穌可以免去疾病、死亡；正因為如此，當他們遭遇患難時，就離棄了信仰，正如耶穌在撒種比喻中所說的：「那撒在石頭地上的，就是人聽了道，立刻歡喜領受，但他心裡沒有根，不過是暫時的，及至為道遭了患難，或是受了逼迫，立刻就跌倒了。」（可四16-17）

肯定地說，基督徒也會有患病的時候。例如保羅，他是基督忠心的僕人，他的身上有一根刺（令他感到相

當痛苦的疾病）；再如拉撒路是耶穌所愛的人，也生病；還有提摩太和以巴弗提皆是熱心傳福音的門徒，但是也都曾患過病（提前五23；腓二26-27）。

然而從另一個角度來看，疾病對於人有所益處。是福？是禍？乃在於人如何去面對著它，保羅曾說：「我們曉得萬事都互相效力，叫愛上帝的人得益處。」（羅八28）疾病當然包括在「萬事」之內，所以疾病對於人們而言，可以不是禍患，還有其建設性的價值，可以助人邁向更成熟、更完美的境地。

建設性的疾病

如果我們進入一家設備完善的醫院，從掛號處、急診室、手術室逐一參觀，然後到加護病房及各科病房走一走，最後再到太平間看一看，內心會有什麼感覺呢？人還會有什麼可以自豪的呢？還會覺得要與人斤斤計較嗎？走一趟醫院、殯儀館，都會使人發現自己的有限，而激發人去尋找人生的真諦。

疾病，是人生十字路口的紅燈，是我們暫停的時刻，使我們更懂得愛惜和保健。身體乃聖靈的殿，基督徒該懂得珍惜；疾病，也是疏忽保健者的警戒，提醒人該懂得照顧、保養自己的身體。上帝用疾病強迫忙碌的人休息，因此，疾病是上帝賞賜給人的恩典。

疾病，使我們體驗到人們生命的短暫，正如聖經所記載的：「因為凡有血氣的，盡都如草；他的美榮都像草上的花。草必枯乾，花必凋謝。」（彼前一24）「我們一生的年日是七十歲，若是強壯可到八十歲；但其中所矜誇的不過是勞苦愁煩，轉眼成空，我們便如飛而去。」（詩九十10）我們在疾病痊癒之後，能真正意識到「不虛此行」的人生，是何等可貴，因而能使人生更加充實。因此，疾病是上帝的恩典。

疾病，也是上帝的管教，使人認罪悔改，信仰得著復興，正如聖經所記載的：「因為主所愛的，他必管教，又鞭打凡所收納的兒子。」（來十二6）人背逆上帝，頑梗不知悔改，執迷而不悟，貪戀享受罪中之樂，上帝只好用疾病來鞭打管教人，使人在窮途末路時，歸回到上帝懷中。在病床上的人有足夠的時間回想平日所

言所行，因此疾病使人有懺悔的機會，可以使上帝的兒女與上帝恢復正常的關係。疾病，誠然是上帝豐盛的恩典。

疾病，有時也是出於上帝的美意，例如約伯的忍耐，就是受苦者最佳的榜樣。耶穌曾說：「也不是這人犯了罪，也不是他父母犯了罪，是要在他身上顯出上帝的作為來。」（約九3）又說：「這病不至於死，乃是為上帝的榮耀，叫上帝的兒子因此得榮耀。」（約十一4）保羅也曾說：「我們在一切患難中，他就安慰我們，叫我們能用上帝所賜的安慰去安慰那遭各樣患難的人。」（林後一4）一切的遭遇，皆要成為榮耀上帝、造就他人的機會。

疾病，是進入上帝國度的最後一仗；也是一場最驚險、激烈的爭戰；而後，能光榮、凱旋地回到天家。正如一場棒球賽，若因對方棄權，我方不戰而勝，則必缺乏興奮、快樂；唯獨在激烈戰況中，能以再見全壘打而一分險勝，那種光榮、喜樂、滿足、成就感，實在是無法形容。基督徒若不幸患了嚴重的疾病，經歷搏鬥後，如果離開人間，疾病就是人生的再見全壘打，這是一件

多麼有福的事！正如聖經所說：「『你要寫下：從今以後，在主裡面而死的人有福了！』聖靈說：『是的，他們息了自己的勞苦，做工的果效也隨著他們。』」（啟十四13）

海倫凱勒之失明，貝多芬之耳聾，雖然就他們本身而言是一種不幸，然而對人類卻有更多的貢獻。所以我們不要稍不如意就怨天尤人，說上帝對你不顧。祂並不是把你丟棄在苦難中，乃是為了顯明祂更愛你；祂不過是藉著苦難，使你的生活更充實，生命更燦爛。

榮耀性的疾病

在拉撒路的事件中，從馬大、馬利亞的身上，我們學習到肢體代禱、代求的重要性。而從雅各的教導中，我們發現面對疾病應有的態度。雅各說：「你們中間有病了的呢，他就該請教會的長老來；他們可以奉主的名用油抹他，為他禱告。出於信心的祈禱要救那病人，主必叫他起來；他若犯了罪，也必蒙赦免。所以你們要彼此認罪，互相代求，使你們可以得醫治。義人祈禱所發的力量是大有功效的。」（雅五14-16）當你或家人生病

時，我們可以從此段經文中看出幾個基本的祕訣：

（1）**請長老來抹油禱告**——家人生病，當然該找醫師；但更要找傳道人。醫師只能提供藥物治療，而傳道人卻能藉著祈禱，提供心靈的更新。「油」，象徵了聖靈之大能；藉著禱告，必能使病人得著安慰，並醫治其軟弱的信心，使其能剛強、勇敢、鎮靜地面對疾病的痛苦。

（2）**以祈禱，使人罪得赦免**——祈禱的結果是身體得健康、罪也得赦免；或者是該離世之時辰已到，則祈禱能使他的罪得以赦免，使其手潔心清，平安地朝見上帝。

耶穌醫治許多病人時，常說：「你的罪赦了，平平安安地回去吧！」可見罪惡是許多人患病的真正原因。人內心的衝突，人格的矛盾，憂慮、恐懼、仇恨、怒氣、自卑等毒化了身心，而造成人類各樣的疾病；因此，人要先除去罪，使心靈得釋放，肉體才能獲得更健康，正如同古代希臘人所說的：「健全的身體，寓於健全的心靈中。」祈禱，可以使人從不安、恐懼中獲得真正的釋放。

（3）**互相認罪，互相代求**──這是家人之間該有的態度，以致因著一人的疾病，而使全家皆能倚靠上帝，信仰得以復興，肉體、心靈也獲得醫治。懇切的禱告，上帝必然垂聽，祂必然改變環境，使身體獲得健康；若未改變環境，則必須改變心境──使人得以平安、喜樂地離開世界。因此，以互相認罪、互相代求來面對家人的疾病，必然會產生極大的神蹟！

第二次世界大戰後，美國各地盛行禱告醫病的聚會。在某次大型聚會時，有位殘疾的退伍軍人也前往參加。有人看見他扶著拐杖，一跛一拐地走向講台前，便帶著同情的口吻說：「可憐的人！難道他以為上帝會賞賜給他一條腿不成？」退伍軍人聽見了，便回過頭對他說：「我不是祈求上帝給我一條腿；我只是祈求上帝幫助我，以我僅有的一條腿，還能過著有意義的日子。」

若上帝醫治他的肉體，給回他一條腿，這固然是神蹟；然而，若只有一條腿，還能過著充實而有意義的日子，這豈不是更大的神蹟嗎？究竟哪一個神蹟較難，哪一個神蹟較容易呢？

　　有位基督徒醫師住在一個偏僻的小鎮上，交通甚為不便，但由於他的醫術高明，因此病人仍然絡繹不絕。每當病人坐穩之後，醫師總免不了要問：「你為什麼要到這個小地方來找我看病呢？」「因為我希望病得好轉啊！醫師！」「你為什麼希望病好轉過來呢？」這是一個多麼具啟發性的問題。你為什麼求上帝給你健康？是為繼續過著貪圖享受、自私自利的生活嗎？或是繼續在罪中虛度光陰？或是能有更高、更有意義的目標？

　　耶穌更說：「我為此而生，也為此來到世間，特為給真理作見證。」（約十八37）我們在生病、健康時，都能為真理作見證嗎？

　　疾病，能使基督徒更成熟、更完美，基督徒不但不懼怕、灰心，更可以征服疾病，藉著疾病使自己建立更有價值的人生。疾病縱然可怕，但切記！基督徒是享有「征服疾病」之主權的人！珍惜它、享有它，讓它幫助你身心更加健康，更邁向成熟！

第 13 章

享用「說誠實話」
的主權

我的弟兄們，最要緊的是不可起誓；不可指著天起誓，也不可指著地起誓，無論何誓都不可起。

你們說話，是，就說是；不是，就說不是，免得你們落在審判之下。我的弟兄們，你們中間若有失迷真道的，有人使他回轉，這人該知道：叫一個罪人從迷路上轉回便是救一個靈魂不死，並且遮蓋許多的罪。

——雅五12、19-20

我有一次匆匆地去了一趟香港，臨走前在機場看報紙，讀了一段新聞，深深體會到語言溝通的重要性——人如果沒有語言，就很難有良好的溝通。

有陣子外國掀起「中國功夫」的熱潮，且維持一段很長的時間。後雖稍事平靜，但不少洋人仍醉心於中國功夫；有些在外國參加拳賽的洋人，經常希望能把中國功夫融匯到西方拳術裡，集合中西的優點，希望在賽事中獲勝。因此，他們紛紛拜中國教頭為師，在當地唐人街的武館習技；有些甚至跑到香港尋求「名師」指點。

有一名在美國任職拳師的義大利人，便趁著到香港渡假之便，請朋友介紹香港國術界中的高人給他認識。他按著朋友抄下的地址，拜訪一位老教頭，希望能獲得指點一些「祕訣」，奈何那名老教頭不懂英語，雙方溝通十分困難，最後那洋人只得擺出中國功夫的招式，表示希望對方指點。豈知那位老教頭竟誤會了他，以為他存心來「踢館」，便隨手拿起木棍追打洋人，結果好不容易才弄清楚，原來是一場誤會。

沒有共同的語言固然會影響人與人之間的溝通，但是如果人與人之間不肯說誠實話，有果效的溝通則是更加困難。有一首名叫〈敷衍詩〉的打油詩，便是用來諷刺心存模稜兩可之意的人：

兄弟在下敝人我，兄台閣下老大哥
聽您之言頗有理，可是我們不敢說
雖然可能沒問題，難保絕對不會錯
既然如此想必對，的確好像差不多
大概或者也許是，不過恐怕不見得
所以個人總以為，到底還是沒把握
希望各位再研究，最好大家多斟酌

總之等以後再說，請問您意下如何

因此，如何說誠實話：正確的誠實話、智慧的誠實話、愛心的誠實話，正是基督徒所應具有的心態與生活，是我們與一般人不同之處，是上帝給信祂的人才能享有的特權。

說正確的誠實話

在我們能和外界直接發生關連的感覺器官中，上帝並未給耳、目、鼻加上什麼限制，唯獨對於舌頭，卻用兩道牆──牙齒與嘴唇──來加以圍護，就是要提醒人，說話前應善加思考、揣摩、判斷，不說沒有營養、價值、無真實性的話。

誠實的話不單是求「心」、「口」合一，也該與客觀的事實合一；不只是自以為是地說話，而是能說獲致大家認同的誠實話。

聖經上說：「你們說話，是，就說是；不是，就說不是。」（雅五12）當你以為是「是」時，要去察驗果

真是「是」嗎？古人說：「謠言止於智者。」這句話也勸勉人，說話要負起判斷的責任，如果說了話，但所說卻是未經求證的謠言也心安理得，這豈不是糊塗的實話了？

記得小時候玩過一個「傳話」的遊戲，玩法是先分成兩組，然後每一組的第一個人說一句話，說完後將這句話依序傳給第二、第三人……，傳到最後一個人，就把所聽到的話說出來，結果，最後一個人說出來的話，經常與第一人所說的話相差十萬八千里。經過五、六個人的傳述，內容就有很大的出入；何況在社會上經過成千上萬人輾轉敘述的事，自然和事實真相有更大的距離。所以古人說「三人成虎」，確實有其道理存在。

問心無愧、理直氣壯的話，不一定就是正確誠實的話。有一篇以〈汽水令人醉〉為題的短文，使我們更加懂得學習說正確實話的重要性。這篇短文提到，有一位科學家要研究酒和酒醉的關係，於是收集了各種不同的烈酒，如白蘭地、威士忌、杜松子酒、高粱、大麥、茅台、汾酒等，因為這些酒都烈得刺嘴，所以他用汽水來沖淡後飲用。

　　這位科學家先喝汽水和白蘭地，一下子就醉了；再試汽水和威士忌，也一下子就醉了；再試汽水和杜松酒，又是一下子又醉了，然後一直試下去，直到喝汽水和汾酒時，還是很快就醉了！他想了很久，還是想不出究竟是哪一種酒使他醉倒，忽然靈機一動，他發現，每次試飲時都放有汽水，結果一喝就醉，因此他下的結論是：使他醉的一定是汽水——一句自以為是，但卻完全錯誤的誠實話。

　　基督徒要學習不隨便說自己以為對的話，而要說正確的誠實話，才能利己也利人。

說愛心的誠實話

　　保羅曾說：「惟用愛心說誠實話，凡事長進，連於元首基督。」（弗四15）尤其是在教導、勸勉、責備人時，當以愛心為起點，滿有體諒的心腸。正如保羅所提醒的，要用「溫柔的心」（加六1）。有些人是用誠實話來勸勉人，但言詞卻是以粗魯、苛薄來洩怒，這是不能造就人的誠實話；「說愛心的誠實話」是要提醒人以慈愛的心腸及慈愛的方式，來達到以誠實話責備人的目的。

有一本書提到，一個人犯了錯，如果存心不肯認錯，其原因有如下：

（1）**無知**——他的認知有問題，以錯為對、以非為是，可能無人教導他，以致毫無是非正義可言。

（2）**太自信**——他是一個絕頂聰明的人，很少犯錯，對自己信心十足，偏偏這一次是「千慮一失」。

（3）**頑固**——他是養尊處優的人，犯錯從沒有人糾正他。根本無犯錯後改正之機會或習慣。

（4）**面子問題**——是長輩、權威者、專家常犯的毛病，為了自尊心及面子，而不肯承認自己的錯誤。

（5）**利害關係**——承認錯誤就得受罰，內心害怕，乾脆否認。

（6）**精神混亂**——無法分辨是非對錯，值得諒解。

當你想幫助一個人從錯誤中改正，不是憑著直覺，而是要以愛心、溫柔、體諒的立場去思考，為什麼他沒有發現錯誤，是無知？太自信？頑固？面子……，不同的因素，其糾正的方法自然也不同，就如用錯了藥非但醫不好病，可能還會送命。糾正人，也要用正確的方法對症下藥。

用愛心的態度去糾正，並用愛心說誠實話，否則必然前功盡棄、弄巧成拙，甚至到末了損人不利己。

基督徒要祈求主的幫助，以懂得說愛心的誠實話。

說智慧的誠實話

基督徒不但要說誠實話，更重要的是以智慧「說造就人的好話」（弗四29）。所謂智慧的誠實話，是指要有「得體的話語」，講話要有內容、分量、重點、條理，使人能心悅誠服，不可因忿怒而口不擇言。

在聖經中曾描述先知拿單進諫大衛王的故事，當大衛奪了烏利亞的妻子後，拿單對大衛的責備，顯出了他的智慧：

> 耶和華差遣拿單去見大衛。拿單到了大衛那裡，對他說：「在一座城裡有兩個人：一個是富戶，一個是窮人。富戶有許多牛群羊群；窮人除了所買來養活的一隻小母羊羔之外，別無所有。羊羔在他家裡和他兒女一同長大，吃他所吃的，喝他所喝的，睡在他懷中，在他看

來如同女兒一樣。有一客人來到這富戶家裡；富戶捨不得從自己的牛群羊群中取一隻預備給客人吃，卻取了那窮人的羊羔，預備給客人吃。」

大衛就甚惱怒那人，對拿單說：「我指著永生的耶和華起誓，行這事的人該死！他必償還羊羔四倍；因為他行這事，沒有憐恤的心。」

拿單對大衛說：「你就是那人！」

「耶和華－以色列的上帝如此說：『我膏你作以色列的王，救你脫離掃羅的手。我將你主人的家業賜給你，將你主人的妻交在你懷裡，又將以色列和猶大家賜給你；你若還以為不足，我早就加倍地賜給你。你為甚麼藐視耶和華的命令，行他眼中看為惡的事呢？你借亞捫人的刀殺害赫人烏利亞，又娶了他的妻為妻。你既藐視我，娶了赫人烏利亞的妻為妻，所以刀劍必永不離開你的家。』

「耶和華如此說：『我必從你家中興起禍患攻擊你；我必在你眼前把你的妃嬪賜給別

190

人，他在日光之下就與她們同寢。你在暗中行
這事，我卻要在以色列眾人面前，日光之下，
報應你。』」

大衛對拿單說：「我得罪耶和華了！」

拿單說：「耶和華已經除掉你的罪，你必
不至於死。只是你行這事，叫耶和華的仇敵大
得褻瀆的機會，故此，你所得的孩子必定要
死。」拿單就回家去了。

——撒下十二1-15

如果不是拿單講話得體、有分寸，大衛王怎能聽得
下？又怎麼產生良好的果效？從這個故事，我們學到了
一個功課：話語固然人人會講，但要講得得體、恰如其
分，使人心悅誠服，產生建設性的果效，卻不是件簡單
的事。因此，講誠實話勸勉人、讚美人固然重要，但講
智慧的誠實話以產生良好的果效，卻更加重要。

基督徒當祈求上帝幫助他，能講出智慧的誠實話。

說鼓勵的誠實話

有一年的大專聯考與高中聯考，國文科的作文題目均與生活有極密切的關係，也正是今日社會所急切需要建立的生活習慣，前者的題目是「尊重自己，關心別人」；後者則是「請、謝謝、對不起」。如果每一個人都如此行，那麼生活就必然更加融洽、愉快了。

華人一向比較含蓄，縱然內心很感激欣賞對方，也不太習慣說出口，但這是應改正的習慣。說出內心的誠實話若能鼓勵別人，就應該說。在我們接受別人的服務或禮讓時，如果都說一聲「謝謝」；偶而在無意中妨害或觸犯到別人時，都說一聲「對不起」；在對別人表示禮讓或有所要求時，都說一聲「請」，那麼我們的社會將會更和諧，我們每一個人生活在社會中也將會更愉快，信仰生活的品質將因此獲得大幅的提升。

對人說聲「請、謝謝、對不起」，必須出於誠，日久就會成為習慣。這雖然是日常生活中的細微末節，但對矯治當前日益滋長的暴戾風氣，確是一劑對症的良藥。根據新聞報導，許多鬥毆甚至凶殺暴力事件，往往

都是由言語或舉止上的偶然衝突所引起。兩組人馬在某一場合相遇，你看我一眼，我多看你一眼，一言不合就拔刀相向。如果雙方都能適時說一聲對不起、說一聲謝謝或請，多半都能化解糾紛於無形。

有個故事提到，有一次許多男工從田裡工作回來，只看見桌上堆了許多稻草，就問煮飯的老婆婆為什麼發脾氣。老婆婆說：「我煮了這麼多年的飯，你們毫無表示，所以今天就讓你們嚐嚐稻草，看你們有沒有感覺。」據說俄國沙皇時代，貴賓們吃完飯，一定要把廚師請來，好好地向他致謝，這種做法實在很有意思。

我們該多笑一笑，多說幾句溫柔的話，對幫助我們、為我們服務的人表示感激，這樣不僅可以顯明自己信仰的成熟，也增添了無限的人生樂趣。

基督徒要學習突破含蓄，讓別人因著你所說的話，獲得安慰、鼓勵。

鴿子是和平的象徵，所以通常人們在鴿子一詞之上，冠以「和平」，而稱為「和平鴿」。世界各國在盛大慶典或賽會中，亦均以施放「和平鴿」，使大會顯得

更莊嚴隆重。

由於鴿子聰明，善辨認方向，耐忍餓、挨餓，有快速而持久的飛翔能力，因此自古以來就成為人類的朋友，負起為人們傳遞信息的任務；許多和鴿子有關的可歌可泣故事，更使牠成為人們所飼養的寵物。

今日由於電信發達，已沒有透過鴿子傳信的必要，所謂「信鴿」亦已變為「賽鴿」，被人們利用作為賭錢的工具，賭資少則數十萬，多則上千萬。為了爭冠軍、爭獎金，賽鴿糾紛於焉層出不窮，中途射殺、張網攔捕事件經常可見，甚至還曾發生為爭賽鴿冠軍，幾乎釀成鴿主「火拚」的場面。「和平鴿」變成了「火拚鴿」，誠為人們始料所未及。

聖人與盜賊同樣是人，想聖人所想，說聖人所說，行聖人所行，就成為聖人。因此，想盜賊所想，說盜賊所說，行盜賊所行，也就成為盜賊了。你有權選擇成為什麼樣的人，在乎你如何想、如何行、如何說。

蘇格拉底曾說：「一個扯了一次謊的人，一定要被迫再編造二十句謊言去遮掩它。」保羅在形容得救的基

督徒所應有的樣子時，說了一段話：「你們要棄絕謊言，各人與鄰舍說實話。」（弗四25）誠實的觀念、動機，誠然是基督徒所應具有的美德；人儘管可以無財富、無學識、無地位，但卻不可無此品德。「誠實」二字，可說是屬靈生活的根基，我們實應牢記聖經的這句教導：「是，就說是；不是，就說不是。」（雅五12）讓我們過一個實實在在的生活，因為「說謊言的嘴為耶和華所憎惡；行事誠實的，為他所喜悅。」（箴十二22）

但願我們能有詩人般的禱告：「耶和華—我的磐石，我的救贖主啊，願我口中的言語、心裡的意念在你面前蒙悅納。」（詩十九14）以使我們能過聖潔、仁愛的基督徒生活。

切記！基督徒是享有「說誠實話」之主權的人。珍惜它、享有它，讓它幫助你邁向成熟！

Notes

第 14 章

享用「宣揚福音」的主權

> 我的弟兄們，你們中間若有失迷真道的，
> 有人使他回轉，這人該知道：叫一個罪人從迷
> 路上轉回便是救一個靈魂不死，並且遮蓋許多
> 的罪。
>
> ——雅五19-20

> 但聖靈降臨在你們身上，你們就必得著能
> 力，並要在耶路撒冷、猶太全地，和撒馬利
> 亞，直到地極，作我的見證。
>
> ——徒一8

使徒時代教會之興旺，是研究教會歷史、牧會原理者所必須探討的課題；其不但成為今日教會之楷模，更為我們留下了教會增長的正確途徑。

使徒時代教會的興旺是一件神奇的事。誰會相信一群沒有學問、口才、組織、財力，又貪生怕死的「小民」，一群平凡的漁夫，居然能震撼耶路撒冷城，並且將福音傳開，在逼迫殘害的危機中居然建立了教會，這簡直是一件不可思議的事。在門徒們身上完全看不出有

什麼特殊的才能，卻能體驗出一股超然的力量在推動、支持、輔助他們，去享用基督所賞賜他們之得人權柄。這個時代的教會，正迫切需要這一股超然的力量！

曾經有一位傳道人如此說：「炭是黑的，我們不能除去它的黑，就是用百磅肥皂竭力地洗滌也仍舊是漆黑的；但是放進火裡之後，就能光芒四射，從前的黑色都沒有了。同樣的，我們經過火煉之後，就能在世人面前發出光來了。」

五旬節以前，彼得在一位使女面前否認了主；但在經過了五旬節聖靈降臨在他的身上之後，他就有了火熱的心，能大放膽量在許多官長面前見證主。這正成就了主耶穌升天時所應允、所託付、所指示的大使命：「但聖靈降臨在你們身上，你們就必得著能力，並要在耶路撒冷、猶太全地，和撒馬利亞，直到地極，作我的見證。」（徒一8）這個見證就是我們所宣揚的福音內容，也是我們應有的「生活內容」，藉以見證福音的大能！

宣揚福音的意識

雅各曾說：「我的弟兄們，你們中間若有失迷真道的，有人使他回轉，這人該知道：叫一個罪人從迷路上轉回便是救一個靈魂不死，並且遮蓋許多的罪。」（雅五19-20）保羅也說：「他願意萬人得救，明白真道。」（提前二4）這都是在印證、回應主耶穌在使徒行傳一章8節之應許──主耶穌要藉著我們，完成上帝救贖的心願。

基督教的特色，在於她是一個有見證、有大能的信仰，跨越了一般的宗教。一般宗教的信徒，有誰能見證說「我因拜了媽祖，我因拜了城隍爺，我因拜了……所以人生越來越成熟，品德越來越完全」呢？可是你卻能在教會中找到成千上萬的基督信徒，「見證」上帝在他們身上的作為，敘述他們「重生」的偉大經驗。基督教充滿了見證，這也就是為什麼基督徒敢、能、該、願傳福音的主要原因。

有人以為傳福音只是傳道人的責任，我們只要去參加禮拜就夠了；引家人歸主是牧師們的責任，我們不需

要理會。可是耶穌卻要求信徒，人人傳道、人人作見證；這是祂對跟隨祂的人所賞賜的權柄——「凡你們在地上所釋放的，在天上也要釋放。」（太十八18）我們應該珍惜這種傳福音的主權。

有故事提到，有一位名叫雅各的八歲小男孩跟著父親上街，在路上遇見一輛消防車噹噹噹地急駛而去。雅各就問父親那是什麼，父親告訴他，說那是專到失火之處替人滅火之消防隊的消防車。

有一天，雅各的父母要到朋友家去吃飯，留下雅各一人在家。雅各在家玩火箭，一不小心把臥房的蚊帳燒著了，雅各想起專門替人滅火的消防隊，於是往外直跑去找消防隊；等到請來消防隊員時，房子幾乎已燒光了。他的父母後來問他失火的原因，他就將失火的原因與經過說了一遍。父親聽完後，暴跳如雷地叱責雅各說：「當蚊帳剛剛燒起來的時候，只須舀兩盆水就可以把火撲滅了，你怎麼這麼笨！還跑去找消防隊，以致燒到這種地步！」

雅各聽了十分不服，振振有詞地質問父親說：「爸爸，那天我們在街上看見消防隊的時候，你不是告訴我

說，消防隊是專門替人滅火的嗎？今天我看見蚊帳燒起來了，本想舀水去將火潑熄，忽然想起你曾告訴我，消防隊是專門滅火的，所以我一分鐘也沒有停留，趕快跑去找消防隊員來滅火，你怎麼反倒責備我呢？」

也許我們會笑小雅各的傻，然而我們豈不也和他一樣？許多基督徒已信主得救了，但是他的家人、親戚朋友還未信主，他卻從來不向他們作見證、傳福音，以為這都是傳道人的事。這和小雅各以為救火是專屬消防隊員的事，豈不是一樣愚拙嗎？

人人傳道是耶穌的命令、託付，也是祂所賞賜的權柄。由教會歷史可以證明，每一次教會復興，都是因為有平信徒參與傳道。以最近兩百餘年而論，衛斯理時代英國教會的復興，乃得力於不少平信徒的傳道；慕迪時代美國教會的復興，也是得力於平信徒的努力；上世紀二、三十年代中國的山東大復興，亦何嘗不是得力於平信徒的參與傳道？

徐松石牧師曾說，平信徒人人傳道有許多優點：「平信徒人數眾多，各項職業都有教會的平信徒，倘若他們肯在自己的職業崗位上為主作見證，則福音可能達

到加倍廣闊的範圍。」人人都有家庭，倘若平信徒在自己的家人、親戚朋友間樂意多盡傳道的責任，則基督徒的人數必定不斷增加。徐松石牧師又說：「平信徒以同學、同事和親戚鄰里的關係向人傳道，往往事半功倍價不小。」平信徒不受教會薪水，努力為主做工的感動力自必倍加顯著。

有些平信徒的職業特別有利於傳揚福音，例如教員、醫生和社會領袖等，都有這樣的便利性，基督徒實在要珍惜上帝所給予我們傳福音的權柄。

見證，有兩種不同的意義，一種是不以福音為恥；另一種若套用年輕人的話，即是：不是蓋的。見證此福音內容的真實性，在法庭上道聽塗說的故事不能引為憑據，必須要有親身的經歷才足以見證其真實性。我們經歷過福音的大能嗎？我們參加禮拜，獲得了一些信仰知識，就滿足了嗎？

買食譜、研究食譜、明白烹飪，這都只是知識；必須經過實習、試驗、經歷，才能燒出一道人人稱讚的可口菜餚，此時你的進步才能「見證」你學習食譜的價值。這也是我們面對福音應有的態度，即用我們的「進

步」，來「見證」福音的大能！

耶穌所說的「見證」與「殉道」，在原文是同一個字根，提醒見證者要不惜任何代價盡忠到底。不是有機會才去作見證，乃是尋找作見證的時機，不以福音為恥地去宣揚救人脫離黑暗、進入光明的福音。

傳福音，是我們的責任、福分，更是權柄！

宣揚福音的大能

耶穌說：「聖靈降臨在你們身上，你們就必得著能力。」（徒一8）先知撒迦利亞說：「萬軍之耶和華說：不是倚靠勢力，不是倚靠才能，乃是倚靠我的靈方能成事。」（亞四6）做主的工作不是靠自己有什麼知識、口才，而是倚靠聖靈的大能；耶穌也應許賜下祂的大能給我們。

從耶穌的應許中，可以看出聖靈的果效是使人得著能力（我們可以從彼得的身上找到印證）；但耶穌也說明了賞賜聖靈的目的，在於使人作見證。耶穌並未說明聖靈降臨必然說方言、大哭大喊或大笑，甚至倒在地上

打滾；耶穌乃是藉著聖靈感孕而生，滿有聖靈的大能，可是我們從未見祂說方言或是特別強調方言，反而強調聖靈充滿的果效與目的是在得能力、作見證。耶穌向門徒說：「人看見了我，就是看見了父。」（約十四9）我深覺得基督徒應以「人看見了我，就是看見了基督」，作為聖靈充滿的正確標記。這才是我們所需要的聖靈充滿，也正是耶穌所應許賞賜的聖靈。

一間屋子裡裝著三盞電燈，其中只有一盞發出黯淡的光芒；電線裡原有很強烈的電流，可惜兩盞燈都未和它相接，所以僅有一盞二十瓦的燈泡發出微弱的光。人雖可以在那裡看書，但燈光畢竟不夠明亮。另外一間房屋裡也有三盞電燈，都發出光芒，使人可以在燈下讀書。這些燈都與同一電源相接連，它們靜悄悄地發出光，無形中證明也彰顯了電的能力。然而同樣強度的電源及同樣的送達方式，在兩間房間裡卻有完全不同的效果，這完全是燈泡的不同所致。

雖然有許多基督徒已經得救了，但若我們所發出的光芒只像第一間屋子裡的燈，則沒有人能從我們身上微弱昏暗的光，看出基督一生的榮耀。我們生命中的光如

此之小，又如何使人藉著它，來望見天上的榮光呢？但也有許多得救者發出了基督生命的光輝，成為極其堅強而有能力的基督徒，感動了家庭與世人，使許多人都融化在天國的喜樂裡。

從前有一位老人，無論走到什麼地方，身上總是帶著一小瓶油。如果他經過一扇門，門發出軋軋的響聲，他就倒一些油在鉸鏈上；如果他遇到一扇難開的門，他就塗一些油在門閂上。他一直這樣做「加油」的工作，使人們得著便利。很多人稱他為怪人，但是這位老人家依然照行不懈，瓶裡的油用完了再裝，用完了再裝……。

許多人的生活不和諧——充滿了軋軋聲、咒罵聲……，實在需要喜樂油、溫柔油、關切油……。你有沒有不斷與主交通，經常加油、不斷分享油呢？你想為主作如同早期門徒般的見證嗎？請回想先知撒迦利亞的信息：「不是倚靠勢力，不是倚靠才能，乃是倚靠我的靈方能成事。」（亞四6）然而，更重要的是我們要與上帝保持密切的關係，才能與人「分享」心中的「油」，作一個有能力的基督徒！

南朝時代有一位著名的文人江淹，其文筆相當好，寫出來的文章十分動人。相傳他早年曾經夢見一位仙人送給他一枝五彩生花的筆，夢醒後，他從此便文思泉湧，因此後人稱人會作文章為「妙筆生花」，其典故就是由此而來。後來，這位文人又夢見仙人來收回他的筆；醒來之後，他就才思澀滯，寫不出好文章了，這也就是成語「江郎才盡」的由來。古人有許多這類充滿人生哲理，教導人為人處世之大道理的故事。這個故事表達了一個真理：人應該不斷地努力充實自己，如果停滯不前，自我陶醉於目前的成就而不繼續努力，終必有「江郎才盡」的一天，這才是這個故事所蘊含的真正教訓。

基督徒要倚靠聖靈來行大事，但切記，不是只有一天、二天、十天、八天，乃是要天天倚靠祂的大能大力，才能產生有果效的見證！

宣揚福音的方式

耶穌說：「但聖靈降臨在你們身上，你們就必得著能力，並要在耶路撒冷、猶太全地，和撒馬利亞，直到

地極，作我的見證。」（徒一8）耶穌不但指示基督徒有傳福音的權柄，也應許賞賜他們宣揚福音的動力；更顯明了宣揚福音的方法路線，且是相當值得揣摩的路線。

首先，值得思考的是：為什麼要以耶路撒冷為起點呢？用意何在？

耶路撒冷是耶穌被釘十字架的地方，也是門徒跌倒的地方，耶穌要在此使羞恥變為榮耀，因此祂鼓勵人在什麼地方跌倒，就在什麼地方重新站立起來。能從軟弱中變為剛強，是最有力的見證，門徒的轉變就是最確鑿的實例：「他們見彼得、約翰的膽量，又看出他們原是沒有學問的小民，就希奇，認明他們是跟過耶穌的。」（徒四13）這是見證的原則，也是起點。如果你能因知道脾氣暴躁的錯失而努力改變，這就是你向人見證上帝大能的起點。述說耶穌改變你的經過，這也是見證，是傳福音的方法之一，是何等地真、何等地善、何等地美、何等地聖！

以耶路撒冷為起點，也提示了我們第二個原則：由近至遠，由家庭開始，由所接觸的人開始；不但如此，也需要關心往外宣教的工作。安得烈在認識耶穌之後，

就找哥哥彼得也去見耶穌；當腓立比監獄的獄卒接受福音之後，首先影響的就是其家人。有人說，當一個人重生得救之後，不但家人能感受到，就連所飼養的雞、貓、鴨、狗都知道，因為他已流露出耶穌的性情——溫柔、忍耐、仁愛……。如果基督徒本身都不關心家人，那麼誰來關心呢？既然愛家人，又怎能忍心見家人走向滅亡之路呢？

耶路撒冷是仇敵最多、困難最大，最不易掩飾的地方。福音工作雖然出於上帝的託付，可是仍然有困難，然而信徒就在困難之中，磨練出了信心，並經歷到上帝同在的大能。這條路徑提醒我們要有勇氣面對困難，要有征服困難的意念與信心。

這條路徑也提醒我們，主已應許福音必能傳到地極，只要我們肯去傳。福音能突破種族的隔閡、人與人之間的歧見，福音成為猶太人與外邦人之間的橋梁，福音帶來家人的和諧、人生的和諧、社會的和諧，更使整個世界沉浸在一片和諧的氣氛之中，這乃是上帝的應許；而我們的責任就是「去作見證」，這是帶著應許的託付。

只要我們不灰心，努力地傳，福音必然能顯出其恢宏的能力。魔鬼常攪擾我們說：「算了吧！他沒什麼希望了，放棄他吧！他不會信主的啦！」但耶穌要我們絕不灰心，成功就在前面等著我們，到了時候必會有所收成。

英國有位性情安靜的年輕姊妹，有一次遇見了一位頑童，就送他一套衣服，並且要這個頑童答應她去上主日學，但是他竟欺騙了這位姊妹，沒有去上主日學；幾個禮拜之後，這位姊妹又找到了這個孩子，又送他一套衣服，並要他答應她去上主日學，但是這個孩子仍然欺騙了她，還是沒有去上主日學。直到最後，她的耐心獲勝了。這孩子終於在深受感動之餘歸向基督，而那個孩子就是馬禮遜（Robert Morrison，1782-1834）。他是現代東方開荒佈道的先鋒，是上帝對華人佈道的開端。

有位年輕女子因得了極嚴重的肺病，躺在醫院裡；臨終的前幾天，有位傳道人前去和她談道，勸她接受耶穌作她的救主。後來她接受了主，得了救，心裡十分的平安快樂。但過了幾天，那位傳道人再去看她，見她愁容滿面，十分憂傷，就很希奇地問她為什麼。她很傷心

地回答說：「我的年日將盡，立刻就要死了，但是當我站在主面前時，主說我雖是得救了，可是要帶什麼去給祂呢？我的兩手是空空的，我怎能空手去見我的主呢？」

那位姊妹非常地難過。傳道人便對她說：「姊妹，不要緊，我現在就用你這句話當作題目，在你床邊作一首詩鼓勵人去佈道，但願任何人用這首詩歌出外佈道得著人時，賞賜都歸你。」這就是現在廣為流傳的一首詩歌：「主若今日接我靈魂，我能坦然見主否？」很多人均受了這首詩歌的感動，出外佈道。的確，主若今天就來接我們回去，你有什麼帶給祂的呢？你有沒有救過一個靈魂歸向主呢？所以，當趁我們還有今天，就趕快去搶救靈魂！

宣揚福音，是上帝賞賜給我們的特權；不是為自己，乃是為普世的人。珍惜它、享有它，讓它幫功你邁向更成熟的人生！

第 15 章

享用「更快樂、更積極」
的主權

有一部很有意義，且值得令人深思的卡通影片，片中的主角患了一種怪病，凡他所看到的每一樣東西，都超乎尋常地巨大。本來只是一隻溫馴的小花貓，在他看來卻變成了一隻巨形的老虎，使得他驚慌恐懼而不知所措；一個三歲的孩童，在他眼裡竟成了使他不敢正視的高大的巨人。於是，他變成了一個懦弱、自卑、膽怯的人，也因此天天活在痛苦中，他想逃避卻逃不了。

最後，他去看了醫師，經過醫師檢查後，發現他之所以如此痛苦的原因，是因為他戴了一副放大眼鏡，所看到的東西經過鏡片的放大作用，都成了龐然大物，使他產生了極端的自卑感。醫師對他說：「朋友，你並沒有患上什麼重病，只因這副眼鏡配錯了。我替你換上另一副，你的恐懼自然立即痊癒。」於是便為他換上另一副眼鏡。

當他配上新眼鏡走出診所後，他發覺整個世界都改變了，每樣東西非但不像原先看來的龐大，而是極其渺小，就連聳入雲霄的高樓大廈，在他看來也只像火柴盒一般；至於先前所懼怕的小花貓，現在看來還不及自己的手指頭大，他開心極了，於是不再恐懼、自卑、軟

215

弱，因為自己竟是那麼強大。原來，醫師替他換上的是一副縮形眼鏡，所以他不再自卑、自憐而處處逃避。

有一天，他有事出門，當他跨越馬路時，看見一輛貨車迎面駛來。他戴上那副縮形眼鏡仔細看，原來只是一輛小巧的玩具車，不足為懼，於是他站在馬路當中，要一腳把貨車踢走以逞威風。結果那副縮形眼鏡害他白送了性命，使他成了車輪下的亡魂。過度的自高或自卑，對人都是一種致命傷。

要如何藉著對上帝的信仰，使我們活得更快樂、更積極，是個值得思考的課題。我們往往就像卡通影片中的這個人物，有時戴上了放大眼鏡，形成自己自卑、軟弱和恐懼的性格；有時戴上了縮形眼鏡，以致過度自大、自信，結果反倒害了自己。

使徒保羅是一位歷經挫折、憂患，但卻是仍然活得那麼快樂、那麼積極的成功者，因為他「知道所信的是誰」── 懂得藉著信仰獲得智慧與力量，因而能有「知其不可為而為之」的毅力；他「知道如何處各種環境」── 不被環境操縱情緒，永遠保持滿足的心境，不患得患失；他也「知道自己的缺點」── 有自知之明而

不斷更新進步。如果我們也能像使徒保羅「知道」所當知道的，就必然能活得更快樂、更積極。

相信上帝，知道上帝

保羅說：「為這緣故，我也受這些苦難。然而我不以為恥；因為知道我所信的是誰，也深信他能保全我所交付他的，直到那日。」（提後一12）保羅雖然是一位忠心的福音使者，但他仍有苦難（參林後十一24-33），可是因為他知道有一位上帝，而且知道凡事「交付」，所以能在艱難的環境中有所作為。保羅正表達了：「我與別人不同，因為我有上帝」的偉大信仰毅力。

一個相信上帝的人，他的遭遇與一般人無異。我們沒有不遭遇疾病的特權，也沒有不承受困難挫折的特權；然而，因著內心有上帝，及因著上帝的幫助，而能以勇氣面對困難、征服困難，使我們更成熟、更長大。

當你面對一件困難的事情時，你是否能克服它，完全在於你的思想：當你以為不可能時，事情就不會成功；當你認為有可能時，事情的發展常好得超過你所求

的。一個內心有上帝的人，在困難中、一般人以為不可能時，仍舊能想出法子，因為我們的上帝是專做不可能之事的神。不是我們比別人更強，乃是因我們所倚靠的上帝，使我們與別人不同。我們的上帝不但是一位全能的神，而且是聽人禱告、樂意幫助人的神。

一個不知所信是誰的人，遭遇挫折、打擊時，小則灰心、頹喪，大則因絕望而精神失常，甚至自我了結；然而，一個內心有上帝的人，因認識上帝而有更大的信心，這信心就是成功的動力，能創造奇蹟。

人對上帝認識愈深，信心就越大。許多人只相信有上帝，但是對於上帝卻認識不深。保羅說：「我知道……」、「知道」，因此，上帝的含義可由兩個途徑來看，一是關於上帝的知識，另一即是由經驗中知道。

約伯說：「我從前風聞有你，現在親眼看見你。」（伯四二5）前者為知識的知道，後者是經驗的知道。在一場藝人的佈道會中，有位姊妹見證說，她本來無法參加當天晚上的聚會，因為她先生不同意她去，於是她在洗澡時就跪在浴室禱告。洗完澡後，她先生竟然說：「妳的耶穌贏了，妳今晚去聚會吧！」當她遇見牧師時

說：「今天晚上我是因為禱告才能來的！上帝真是一位活生生的神……。」

每一個人都知道「祈求就必得著，尋找就必尋見」，但這只是知識。耶穌說：「凡聽見我這話就去行的，好比一個聰明人，把房子蓋在磐石上；雨淋，水沖，風吹，撞著那房子，房子總不倒塌，因為根基立在磐石上。凡聽見我這話不去行的，好比一個無知的人，把房子蓋在沙土上；雨淋，水沖，風吹，撞著那房子，房子就倒塌了，並且倒塌得很大。」（太七24-27）知識的知道經不起考驗，唯獨從實行、經驗中知道的信仰，才具有產生積極力量的果效。

一個有信仰的人，絕不會常常嘆息：「我太老了！」「不行了！」「我是一個殘缺的人！」其實，只要我們有上帝，這些都不是我們必然失敗的理由。曾經有四指殘缺的人，成為管絃樂團的首席小提琴手；眼瞎的人，竟成為偉大的教育家；摩西八十歲被上帝重用；一個漁夫竟然可以成為福音的使者。你老了？你不行了？知道上帝、內心有上帝的人，必然能消除自以為軟弱的心理障礙。

相信上帝的同在，不是讓我們逃避責任、逃避現實，而是具有知其不可為而願去為之的勇氣，使我們能因此活得更快樂，活得更積極。

接納環境，肯定環境

保羅又分享他的經歷說：「我知道怎樣處卑賤，也知道怎樣處豐富；或飽足，或飢餓；或有餘，或缺乏，隨事隨在，我都得了祕訣。我靠著那加給我力量的，凡事都能做。」（腓四12-13）這不是「今朝有酒今朝醉」的樂天主義；保羅在此所表達的是：「我不被環境左右、羈絆！」

有一篇文章，描述人要成功，有六個必要條件，其中前二項是懂得寬恕別人和不被他人激怒。成功的人，擁有勝過環境的祕訣。

一個人如果不懂得「不被環境所左右」，則他在成功來臨之際，必然得意忘形、樂極生悲；在失敗來臨之時，也必然怨天尤人、自甘墮落。一個被環境操縱情緒的人，不會有真正的快樂。

前美籍日裔參議員早川，在文柬中曾如此寫道：

多年前，我注意到有兩種電車司機。芝加哥有條路上交通常常阻塞，有的電車司機怒氣沖沖，把腳鈴踩得震天響，並向別的駕駛人大聲叱喝。下班回家，這些司機一定疲憊不堪、緊張不安，禍及他們的家人。

可是也有些電車司機心平氣和地等在那裡，吹吹口哨、剪剪指甲、寫個報告……

換句話說，碰到同樣的客觀環境，有的暴跳如雷，有的安常處順，趁機會好好休息一下。你屬於哪一種呢？

快樂的人，不一定就有令他快樂的環境，只因為他有快樂的心境。正如同每一個人都有對黃昏落日的感喟，有的人是悲嘆：「夕陽無限好，只是近黃昏」；而對於有信仰，活得積極的人，他卻能說：「夕陽無限好，雖然近黃昏」。不同的意境，仍可以活得更積極，更珍惜所有的歲月，努力、再努力！

　　有信仰的人之所以能不被環境左右，是因為「我們曉得萬事都互相效力，叫愛上帝的人得益處，就是按他旨意被召的人。」（羅八28）只要是上帝賜給我們的，對我們都有益處。若能如此，那麼目前的你就站在日後成功的起點上了。

　　有一個富翁，在南非擁有一片美麗的大農田。有一天，他遇見一位探險家，後來他們成了很好的朋友。探險家告訴他許多關於鑽石礦的寶貴價值和知識，他聽後興致勃為了要尋找鑽石礦，他因而賣掉那塊田地，離開家園。過了好幾年，他一無所獲；他也破產了，老了，但仍然沒有達到目的，他終於又回到他的老家。

　　當他回到家裡，他開始懊悔了；因為他發現就在他所賣掉的那塊農田底下，竟蘊藏著世界上最大的鑽石礦！而且，正在被人開採；而他，只有望而興嘆了！這塊地曾經屬於他，他夢寐以求的鑽石，就埋藏在這塊地底下，但他竟失之交臂，毫無所獲！

　　這故事能不使我們深思嗎？快樂與幸福就在我們的周圍，我們竟視而不見；最真實、最寶貴的東西就在我們內心，我們卻向外不著邊際地摸索！

你想活得更快樂、更積極嗎？信靠上帝，作一個不被環境左右的人，你必然成功。

瞭解自己，改變自己

保羅又提出第三種經驗與原則：「我也知道，在我裡頭，就是我肉體之中，沒有良善。因為，立志為善由得我，只是行出來由不得我。」（羅七18）這種經驗往往成為某些人自暴自棄的藉口：「一切由不得己」，這正如時下一些歌星與黑道人物打交道惹出麻煩時，所說的「人在江湖，身不由己」，卻忽略了可「由己」的責任。

保羅在這一段經文所要表達的是：「我是一個不夠好的人，我需要幫助。」這絕不是自暴自棄、自艾自憐，而是發現自己的缺點後，能盡力去尋求幫助的表現：「感謝上帝，靠著我們的主耶穌基督就能脫離了。」（羅七25）這種人必然能征服自己，而成為積極快樂的人。

我曾參加一場時間管理研討會。古人常說「一寸光陰一寸金」，如果我把二十元丟進垃圾箱，一定有人笑我愚蠢；但如果我浪費二十分鐘，人人卻習以為常，不足為怪。成功的人，一定懂得愛惜光陰。研討會中，主持人在開場白時告訴我們：「時間管理不是教你如何管理時間，事實上要管理的乃是你自己；這個研討會是幫助你懂得『管理自己』，進而才能活用時間。」同樣的，一個有雄心征服困難環境的人，必須先征服自己的懶惰、恐懼、頹喪。先征服自己的心境，才能征服自己的環境。

保羅懂得藉著信仰征服自己，使自己越來越好。王陽明先生曾說：「世上最困難的事是認識自己，最容易的事是武斷別人。」若是如此，怎麼會快樂，怎麼會成功呢？

一個人若知道自己的缺點，就不至於自高自大；知道自己的缺點，就必能在自我反省中，時時更新長進。在我所參加的時間管理研討會中，講員提供時常忙碌不堪，卻又感到在浪費時間的人一個矯正的方法，就是每晚臨睡前，先寫下明天要做的事情；再依情況分首要與

次要，以決定完成的次序，第二天再按計畫去做，將會發現自己過得很充實，也會很快樂。

一個成功的人，是要能保持他的長處，並且常常矯正自己的短處。十九世紀的美國詩人羅威爾說：「只有蠢人和死人永不會改變他們的意見。」脾氣急躁的人，不要以「這就是我的個性」來輕易原諒自己，而要去征服它、改變它，你將會更快樂、更成功！

一個真正有信仰的人，不但有自知之明，而且能不斷地更新成長，這是邁向成功生活的起點！

「活得更快樂、活得更積極」，這是一個有信仰的人所應有的目標與見證，保羅經歷中的三個原則，值得深思、效法：

一、相信上帝，知道上帝。
二、接納環境，肯定環境。
三、瞭解自己，改變自己。

肯如此追求的人，必然能活得更快樂！活得更積極！

　　切記！基督徒是享有「更快樂、更積極」之主權的人。珍惜它、享有它，讓它幫助你邁向成熟！

Notes

Notes

Notes

Notes

LOGOS系列4

邁向成熟 —— 聖經雅各書教你活出基督生命

作　　者：施達雄
編　　輯：馮眞理、洪懿諄
封面設計：郭秀佩
版型設計：林朋

發 行 人：鄭超睿
出版發行：主流出版有限公司 Lordway Publishing Co. Ltd.
出 版 部：台北市南京東路五段123巷4弄24號2樓
發 行 部：宜蘭縣宜蘭市縣民大道二段876號
電　　話：(03) 937-1001
傳　　眞：(03) 937-1007
電子信箱：lord.way@msa.hinet.net
郵撥帳號：50027271
網　　址：http://mypaper.pchome.com.tw/news/lordway/

經　　銷：

紅螞蟻圖書有限公司
台北市內湖區舊宗路二段121巷28號4樓
電話：(02) 2795-3656　　傳眞：(02) 2795-4100

以琳發展有限公司
地址：香港九龍灣啓祥道22號開達大廈7樓A室
電話：(852) 2838-6652　　傳眞：(852) 2838-7970

美國福音證主協會
9600 Bellaire Blvd., Suite 111, Houston, TX 77036-4534, USA
Tel: (1) 713-778-1144　　Fax: (1) 713-778-1180

神的郵差國際文宣批發協會
Tel: (604) 588-0306　　Fax: (604) 588-0307

2012年12月　初版1刷
書號：L1203
ISBN：978-986-86399-8-0（平裝）
Printed in Taiwan

國家圖書館出版品預行編目資料

邁向成熟：聖經雅各書教你活出基督生命 /
施達雄著. -- 初版. -- 臺北市：主流,
2012.12
　　面：　公分. -- (LOGOS系列；4)

ISBN 978-986-86399-8-0（平裝）

1. 雅各書　2. 基督徒

241.791　　　　　　　　　　101022045